HELLO BERRIES

JULIA CAWLEY
SASKIA VAN DEELEN
VERA SCHÄPER

HELLO BERRIES

KOCHEN, BACKEN
UND GENIESSEN MIT BEEREN

ars vivendi

HELLO BERRIES

Kennst Du Mieze Schindler? Jonkheer van Tets? Oder hast Du schon einmal von Black Jewel und Autumn Bliss gehört?

Namen wie die von Protagonisten in Literatur-Klassikern oder Fantasy-Romanen. Namen, die neugierig machen, das Besondere versprechen. Es sind Namen für kleine, kostbare Geschöpfe der Natur – von Gärtnerinnen und Gärtnern liebevoll an feine Früchte vergeben, die uns den Sommer versüßen oder uns an heißen Tagen mit sanfter Säure erfrischen sollen.

Mieze Schindler kommt dunkelrot daher, ist etwas kleiner als andere Erdbeersorten, dafür aber hocharomatisch. Jonkheer van Tets reift als rote Johannisbeere zu vergleichsweise großen Beeren heran, mit angenehmer Säure bestens zum Saften geeignet. Black Jewel und Autumn Bliss sind die wahren Schönheiten unter den schwarzen Sommer- und roten Herbsthimbeersorten – Hello Berries!

Streng genommen dürfte hier nur Jonkheer van Tets das Wort Beere im Namen tragen, zusammen mit seinen engsten Verwandten, den Stachelbeeren, Heidelbeeren, Preiselbeeren und Cranberrys. Allen gemein ist, dass sie aus einem einzigen Fruchtknoten hervorgegangene Schließfrüchte sind. Abweichend davon definiert die Botanik Erdbeeren als Sammelnuss-, Himbeeren und Brombeeren als Sammelstein- und Holunderbeeren als Steinfrüchte. Wir gehen für die Rezepte in diesem Buch vom allgemeinen Beerenbegriff aus: Demnach sind Beeren klein, rund, weich und süß.

Zudem hat die Natur die meisten Beerensorten für uns besonders hübsch gemacht. Wir sollen aufmerksam und neugierig sein, die Schönheiten an den Sträuchern und auf den Märkten ja nicht übersehen. Denn unsere heimischen Beeren sind nicht umsonst so verführerisch lecker und gesund:

Sie sind wahre Schatzkammern der Natur, Superfood, Saison für Saison prall gefüllt mit wichtigen Vitaminen, reich an Mineral- und sekundären Pflanzenstoffen. Dabei haben frische – besser noch – selbst gepflückte Beeren direkt nach der Ernte die meiste Power. Ihre für uns so wertvollen Inhaltsstoffe verringern sich mit der Zeit der Lagerung. So baut sich das Vitamin C der meisten Beerensorten bereits in den ersten drei Tagen fast zur Hälfte ab.

Von der Hand in den Mund also? Beeren ganz frisch und ohne Rezept vernaschen? Klar!
Aber wenn sich Mieze Schindler und Jonkheer van Tets im Namen unserer heimischen Beeren etwas wünschen dürften, dann würden sie sich für die Hauptrolle in Deiner Sommerküche entscheiden.

Hello Berries macht Wünsche wahr. Die Beeren der Saison spielen in unseren Rezepten zwar nicht immer die Hauptrolle, aber selbst als Nebendarsteller werden sie mit ihren vielen Talenten Dein Frühstück aufpeppen und Herzhaftem eine neue, unerwartete Note verleihen. Klein, rund und weich werden sie Gebackenes krönen, Desserts unwiderstehlich machen und Eis und Getränken die sommerliche Frische verleihen.

Das und noch viel mehr, auf Dein Wohl!

INHALTS-VERZEICHNIS

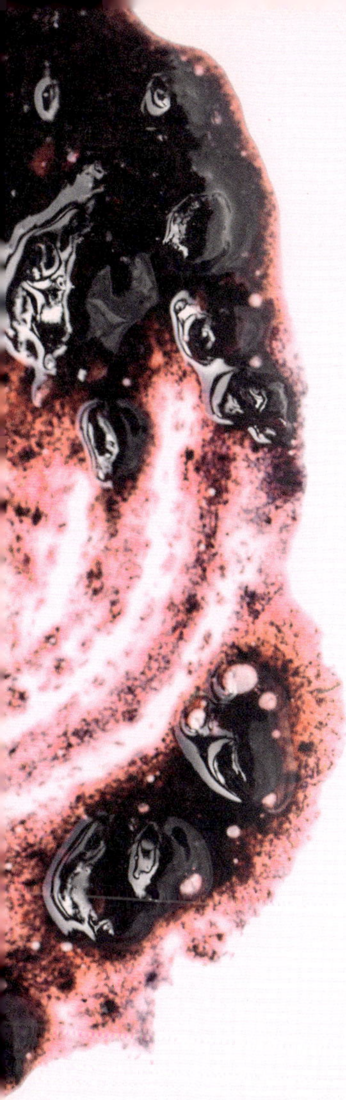

FRÜHSTÜCK

GOOD MORNING BERRIES

Leicht und lecker – für einen guten Start in den Tag: Reich an Vitamin C und Mineralstoffen sind Beeren ideale Begleiter für ein gesundes Frühstück

ZUBEREITUNGSZEIT
15 MINUTEN

JOHANNISBEER-SMOOTHIE MIT MANDELMILCH, JOGHURT UND ZITRONE

Für 4 Personen

1 REIFE BANANE
1 BIO-ZITRONE
300 G ROTE JOHANNISBEEREN
SAFT VON 1 ORANGE
250 ML MANDELMILCH
150 G JOGHURT
2–3 EL HONIG
EISWÜRFEL

AUSSERDEM

STABMIXER
FEINES SIEB (NACH BEDARF)

Die Banane schälen und mit einer Gabel zerdrücken. Die Zitrone schälen und klein schneiden. Die Johannisbeeren waschen und trocken tupfen. Vier Rispen zur Dekoration beiseitelegen und die restlichen Beeren abzupfen.

Den Orangensaft mit Banane, Zitronenstückchen, Johannisbeeren, Mandelmilch, Joghurt und Honig in ein hohes Gefäß geben. Mit dem Stabmixer fein pürieren.

Die Eiswürfel nach Belieben in 4 Gläser geben, mit dem Johannisbeer-Smoothie auffüllen und mit den Rispen dekorieren.

TIPP:

WER ES LIEBER DÜNNFLÜSSIG UND KERNLOS MAG, PASSIERT DEN JOHANNISBEER-SMOOTHIE DURCH EIN SIEB.

ZUBEREITUNGSZEIT
35 MINUTEN

VANILLEJOGHURT MIT HONIG UND GESCHMORTEN BEEREN

Für 4 Personen

1 VANILLESCHOTE
400 G GRIECHISCHER JOGHURT
3 EL FLÜSSIGER HONIG
1 STÄNGEL MINZE
600 G GEMISCHTE BEEREN
1 PCK. VANILLEZUCKER
3 EL HOLUNDER-BLÜTENSIRUP
SAFT VON 1 ZITRONE

AUSSERDEM

GROSSES, FEINES SIEB
MULLTUCH

Die Vanilleschote längs halbieren, das Mark herauskratzen und mit Joghurt und Honig vermischen. Das Sieb mit einem Mulltuch auslegen und über eine große Schüssel hängen. Den Joghurt hineingeben und mindestens 30 Minuten im Kühlschrank abtropfen lassen.

Den Backofen auf 180 °C Ober-/Unterhitze vorheizen.

Minze und Beeren waschen und abtropfen lassen. Ein paar Beeren zur Dekoration beiseitelegen. Den Rest in einer Auflaufform mit Vanillezucker, Holunderblütensirup, Zitronensaft und dem Minzestängel vermischen und mit Alufolie abdecken. In der Mitte des Backofens ca. 15 Minuten schmoren. Zwischendurch umrühren. Die Form aus dem Ofen nehmen, die Minze entfernen und alles etwas abkühlen lassen.

Den Joghurt im Mulltuch auspressen, auf 4 Schälchen verteilen und mit den lauwarmen geschmorten Beeren servieren.

TIPP:

Für einen noch cremigeren Joghurt diesen am Abend vorher zubereiten und über Nacht im Kühlschrank abtropfen lassen.

ZUBEREITUNGSZEIT
20 MINUTEN

JOHANNISBEER-FEIGEN-KONFITÜRE MIT SCHUSS

Für ca. 4 Gläser à 200 ml

250 G SCHWARZE JOHANNISBEEREN
250 G ROTE JOHANNISBEEREN
SAFT VON 1 ZITRONE
250 G REIFE FEIGEN
1 EL CASSISLIKÖR (REZEPT SEITE 111)
250 G GELIERZUCKER 3:1

AUSSERDEM
FEINES SIEB
STABMIXER
4 VERSCHLIESSBARE, STERILE GLÄSER

Die Johannisbeeren waschen, von den Rispen zupfen, mit Zitronensaft in einem Topf erhitzen und aufkochen lassen, bis die Beeren platzen. Anschließend durch ein feines Sieb passieren. Dabei gut mit einem Esslöffel ausdrücken und den Saft auffangen.

Die Feigen waschen, die Enden abschneiden, vierteln und mit dem Stabmixer pürieren.

Das Feigenpüree mit den passierten Johannisbeeren in einen Topf geben. Cassislikör und Gelierzucker zufügen und nach Packungsanweisung kochen. Gelierprobe machen, in die vorbereiteten Gläser abfüllen, fest verschließen, stürzen und anschließend kühl und dunkel lagern.

TIPP:
Für die alkoholfreie Variante den Likör einfach weglassen.

ZUBEREITUNGSZEIT
CA. 30 MINUTEN

TROCKNUNGSZEIT
CA. 7 STUNDEN

KNUSPERMÜSLI MIT NÜSSEN, KERNEN UND GETROCKNETEN ERDBEEREN

Für 1 großes Einmachglas (ca. 1,5 Liter)

- 200 G HAFERFLOCKEN
- 50 G DINKELFLOCKEN
- 100 G PEKANNÜSSE
- 100 G CASHEWKERNE
- 300 G GANZE, UNGESCHÄLTE MANDELN
- 150 G SONNENBLUMENKERNE
- 50 G KÜRBISKERNE
- 50 G LEINSAMEN
- 50 G SESAMSAMEN
- 6 EL SONNENBLUMENÖL
- 3 EL JOHANNISBEERSIRUP (REZEPT SEITE 119)
- 3 EL FLÜSSIGER HONIG
- 1 PRISE FLEUR DE SEL
- 100 G GETROCKNETE ERDBEEREN

AUSSERDEM

- 1 GROSSES EINMACHGLAS

Den Backofen auf 190 °C Ober-/Unterhitze vorheizen. Die Hafer- und Dinkelflocken in eine große Schüssel füllen. Pekannüsse, Cashewkerne und Mandeln grob zerstoßen und mit den Sonnenblumen- und Kürbiskernen, Lein- und Sesamsamen dazugeben. Alles gut mit Sonnenblumenöl, Johannisbeersirup, Honig und Fleur de Sel vermengen.

Das Müsli auf einem mit Backpapier ausgelegten Backblech verteilen und für ca. 15 Minuten in den Ofen geben. Alle 5 Minuten mit einem Holzkochlöffel gut durchmischen, damit das Müsli von allen Seiten gleichmäßig bräunt.

Danach vollständig auf dem Backblech abkühlen lassen und die getrockneten Erdbeeren untermischen. Alles in das Einmachglas füllen.

Mit Milch oder Joghurt und frischen Beeren servieren.

TIPP:

In 3–5 mm dicke Scheiben geschnittene Erdbeeren können für mindestens 7 Stunden im leicht geöffneten Backofen bei 40 °C Ober-/Unterhitze getrocknet werden. Alternativen zum Johannisbeersirup sind Ahornsirup oder Agavendicksaft.

ZUBEREITUNGSZEIT
40 MINUTEN

MINI-PANCAKES MIT BROMBEER-RAGOUT

Für 4 Portionen

FÜR DAS BROMBEER-RAGOUT

400 G BROMBEEREN
50 G ZUCKER
200 ML JOHANNIS-BEERSAFT
1 VANILLESCHOTE
ABRIEB UND SAFT VON 1 BIO-ORANGE
1 PRISE ZIMT
1–2 TL SPEISESTÄRKE

FÜR DIE PANCAKES

3 EL BUTTER (CA. 25 G), PLUS ETWAS MEHR ZUM BRATEN
250 ML MILCH
2 BIO-EIER (GRÖSSE M)
175 G MEHL
1 EL ZUCKER
½ TL NATRON
½ TL BACKPULVER
1 PRISE SALZ
ZIMTZUCKER (NACH BELIEBEN)

AUSSERDEM

DOSIERFLASCHE FÜR DEN TEIG

Für das Brombeerragout die Brombeeren waschen und abtropfen lassen. Zucker in einem Topf bei geringer Hitze karamellisieren, mit Johannisbeersaft ablöschen und ca. 5 Minuten einkochen. Die Vanilleschote längs halbieren, das Mark herauskratzen und zum Saft geben. Orangenabrieb und -saft mit dem Zimt dazugeben und ca. 10 Minuten leicht köcheln lassen. Stärke in etwas kaltem Wasser auflösen, den Sud damit binden, heiß über die Brombeeren gießen und abkühlen lassen.

Für die Mini-Pancakes die Butter schmelzen und mit Milch und den Eiern verquirlen. Mehl, Zucker, Natron, Backpulver und Salz vermengen und zur Milchmischung geben. Alles gut mit einem Schneebesen unterrühren. Eine Pfanne leicht mit Butter ausstreichen und erhitzen. Um gleich große Pancakes zu formen, den Teig in eine Dosierflasche gießen, nacheinander kleine Kreise in die heiße Pfanne geben und in mehreren Portionen von beiden Seiten goldbraun ausbacken.

Mini-Pancakes mit Brombeerragout und nach Geschmack mit Zimtzucker bestreut servieren.

ZUBEREITUNGSZEIT
20 MINUTEN

ERDBEER-BIRNEN-KONFITÜRE MIT ROSA PFEFFERBEEREN

Für ca. 4 Gläser à 200 ml

700 G ERDBEEREN
1 REIFE BIRNE
1 TL ROSA PFEFFERBEEREN
SAFT VON ½ ZITRONE
250 G GELIER-ZUCKER 3:1

AUSSERDEM
GEWÜRZSÄCKCHEN
STABMIXER
VERSCHLIESSBARE, STERILE GLÄSER

Die Erdbeeren waschen, putzen und in kleine Stücke schneiden. Die Birne schälen, vom Kerngehäuse befreien und würfeln.

Pfefferbeeren in ein Gewürzsäckchen füllen und mit dem kleingeschnittenen Obst und dem Zitronensaft in einen Topf geben. Bei geringer Hitze ca. 10 Minuten leicht köcheln lassen. Pfefferbeeren entfernen und die Früchte mit einem Stabmixer pürieren. Die Fruchtmasse mit dem Gelierzucker nach Packungsanweisung aufkochen, Gelierprobe machen und sofort in Gläser abfüllen, fest verschließen, stürzen und kühl und dunkel lagern.

TIPP:
Die Erdbeersorte Mieze Schindler ist sehr aromatisch und eignet sich besonders gut für Erdbeerkonfitüre.

ZUBEREITUNGSZEIT
40 MINUTEN

RUHEZEIT
90 MINUTEN

BACKZEIT
30 MINUTEN

ZUPFBROT MIT BEERENBUTTER

Für 1 Zupfbrot

FÜR DEN TEIG

35 G FRISCHE HEFE
200 ML LAUWARME MILCH
60 G ZUCKER
500 G MEHL
1 PRISE SALZ
50 G WEICHE BUTTER
2 BIO-EIER (GRÖSSE M)
RAPSÖL UND BUTTER ZUM EINFETTEN

FÜR DIE BEERENBUTTER

125 G GEMISCHTE BEEREN
2 EL FLÜSSIGER HONIG
70 G ZIMMERWARME BUTTER
1 EL ZIMTZUCKER

AUSSERDEM

STABMIXER
FEINES SIEB
HANDRÜHRGERÄT
KASTENFORM (26 CM)

Für den Teig die Hefe in die lauwarme Milch bröseln, 1 TL Zucker unterrühren und zugedeckt 10 Minuten ruhen lassen. Das Mehl, den restlichen Zucker und die Prise Salz in eine Schüssel geben, gründlich vermischen, lauwarme Hefemilch zugießen und mit Butter und Eiern zu einem glatten Teig verarbeiten. Sollte er zu klebrig sein, noch etwas Mehl zugeben. Eine Schüssel mit Rapsöl auspinseln, den Teig hineinlegen, mit einem Tuch abdecken und an einem warmen Ort ca. 1 Stunde gehen lassen.

Für die Beerenbutter die gewaschenen Früchte mit einem Stabmixer pürieren, die Masse in einem Topf erhitzen, 10 Minuten leise köcheln lassen und durch ein Sieb passieren. Abkühlen lassen und mit Honig süßen. Die Butter luftig aufschlagen. Die passierten Beeren nach und nach dazugeben und ggf. mit Honig nachsüßen.

Den Teig nach der Gehzeit noch einmal durchkneten und zu einem Rechteck in der Größe von ca. 25 × 30 cm ca. 1 cm dick ausrollen. Längsseitig in 5 Streifen schneiden, gleichmäßig mit der Beerenbutter bestreichen und mit Zimtzucker bestreuen. Die Teigstreifen mit der bestrichenen Seite nach oben aufeinander legen. Den Stapel in 5 gleich große Würfel schneiden. Die Teigwürfel mit den Schnittflächen nach oben in eine gefettete Kastenform legen, zudecken und nochmals 30 Minuten an einem warmen Ort gehen lassen.

Den Backofen auf 180 °C Ober-/Unterhitze vorheizen. Das Zupfbrot in der Mitte des Backofens ca. 30 Minuten backen, in der Form abkühlen lassen, stürzen und noch warm servieren.

ZUBEREITUNGSZEIT
40 MINUTEN

BLAUBEER-ZITRONEN-CURD

Für ca. 600 ml

250 G BLAUBEEREN
50 ML ZITRONENSAFT
ABRIEB ½ BIO-ZITRONE
180 G ZUCKER
80 G BUTTER
30 G SPEISESTÄRKE
4 BIO-EIER (GRÖSSE M)

AUSSERDEM

FEINES SIEB
STERILE, VERSCHLIESSBARE GLÄSER

Die gewaschenen Blaubeeren in einem Topf mit 100 ml Wasser weich kochen, dabei zerdrücken und anschließend durch ein Sieb passieren. Dabei die Beeren mit einem Esslöffel kräftig durchpressen und den Saft auffangen.

Zitronensaft und -abrieb, Zucker und Butter in einem Topf langsam erhitzen. Die Buttermasse leicht köcheln lassen, bis sich der Zucker aufgelöst hat. Dabei immer wieder umrühren. Den Blaubeersaft unterrühren, den Topf vom Herd nehmen und abkühlen lassen.

Die Speisestärke mit kaltem Wasser glatt rühren, die Eier cremig aufschlagen und beides unter die Blaubeermasse ziehen. Den Topf wieder auf den Herd stellen, bei geringer Hitze erwärmen und durchgehend ca. 10–15 Minuten rühren, bis die Masse cremig eindickt und bindet. Dabei darf das Blaubeer-Zitronen-Curd nicht mehr kochen.

In Gläser abfüllen, fest verschließen und im Kühlschrank lagern.

Dazu passen frisch gebackene Brötchen oder Brot.

TIPP:
Blaubeer-Zitronen-Curd als Topping für Cupcakes verwenden oder als Füllung für die Blaubeertarte (Rezept Seite 35).

GEBÄCK BAKING BERRIES

Frisch aus dem Ofen – jedes Stück ein kleines Glück: Blechkuchen, Tartes und Torten, belegt mit den Lieblingen der Saison

ZUBEREITUNGSZEIT
40 MINUTEN

KÜHLZEIT
1 STUNDE

BACKZEIT
25 MINUTEN

BLAUBEERTARTE

Für 1 Tarte oder 8 Stücke

- 250 G DINKELVOLLKORNMEHL, PLUS ETWAS MEHR ZUM BESTÄUBEN
- 200 G GEMAHLENE MANDELN MIT SCHALE
- 60 G GEHACKTE WALNÜSSE
- 1 EL DUNKLES KAKAOPULVER
- 150 G BRAUNER ZUCKER
- 1 PCK. VANILLEZUCKER
- 1 TL BACKPULVER
- 1 TL ZIMT
- 1 MSP. NELKENPULVER
- 1 MSP. PIMENTPULVER
- 200 G BUTTER, PLUS ETWAS MEHR ZUM EINFETTEN
- 1 BIO-EI (GRÖSSE M)
- 300 G BLAUBEER-ZITRONEN-CURD (REZEPT SEITE 31)
- 3 EL CASSISLIKÖR (REZEPT SEITE 111)
- 1 BIO-EIGELB
- 1 TL SAHNE
- FRISCHE BLAUBEEREN ZUR DEKORATION

AUSSERDEM

- TARTEFORM (28 CM Ø)
- RUNDE AUSSTECHFORMEN IN VERSCHIEDENEN GRÖSSEN

Alle trockenen Zutaten und Gewürze für den Teig in einer Schüssel vermengen. Anschließend die Butter in Stücke schneiden, mit dem Ei dazugeben und gründlich verkneten. Den Teig zur Kugel formen und für mindestens 1 Stunde im Kühlschrank ruhen lassen.

Den Backofen auf 175 °C Ober-/Unterhitze vorheizen.

Die Tarteform mit etwas Butter einfetten und mit Mehl bestäuben. Auf einer bemehlten Arbeitsfläche zwei Drittel des Teiges ca. 1 cm dick ausrollen, in die Tarteform legen und mit den Händen am Boden und am Rand andrücken. Blaubeer-Zitronen-Curd mit Cassislikör vermischen und darauf verteilen.

Den übrigen Teig ausrollen und mit den Ausstechformen verschieden große Kreise ausstechen und auf das Blaubeer-Zitronen-Curd legen.
Das Eigelb mit der Sahne vermischen und die Kreise damit bestreichen. Ca. 25 Minuten in der Mitte des Ofens backen.

Mit frischen Blaubeeren dekorieren. Dazu passt eine Kugel Vanilleeis (Rezept Seite 105) oder frisch geschlagene kalte Sahne.

TIPP:

Statt Blaubeer-Zitronen-Curd kann auch Konfitüre verwendet werden.

ZUBEREITUNGSZEIT
20 MINUTEN

KÜHLZEIT
MIND. 8 STUNDEN

BACKZEIT
CA. 10 MINUTEN

HIMBEER-MADELEINES MIT RUBY-SCHOKOLADEN-DIP

Für ca. 10–12 Madeleines

125 G BUTTER, PLUS ETWAS MEHR ZUM EINFETTEN
1 VANILLESCHOTE
2 BIO-EIER (GRÖSSE M)
75 G BRAUNER ZUCKER
2 EL HONIG
125 G MEHL
1 EL KAKAO
1 TL BACKPULVER
10–12 HIMBEEREN
50 G RUBY-SCHOKOLADE
1 TL KOKOSÖL

AUSSERDEM
HANDRÜHRGERÄT
MADELEINEFORM

Die Butter in einem kleinen Topf bei mittlerer Hitze schmelzen und abkühlen lassen.

Die Vanilleschote längs halbieren und das Mark herauskratzen. Eier mit braunem Zucker, Honig und Vanillemark mit dem Handrührgerät in einer Schüssel schaumig schlagen schaumig schlagen. Mehl, Kakao und Backpulver unterheben. Die geschmolzene Butter zugießen, alles gut vermischen und abgedeckt für ca. 8 Stunden in den Kühlschrank stellen.

Den Backofen auf 200 °C Ober-/Unterhitze vorheizen.

Die Himbeeren waschen und trocken tupfen. Die Mulden der Madeleineform mit etwas Butter einfetten und jeweils 1 EL Teig hineingeben. Auf jeden Teigklecks mittig 1 Himbeere legen und leicht hineindrücken.
Für ca. 10 Minuten in der Mitte des Backofens backen, herausnehmen und vollständig abkühlen lassen.

Die Ruby-Schokolade mit Kokosöl über einem warmen Wasserbad schmelzen und die Madeleines zu einem Viertel eindippen, abtropfen und auf einem Backgitter trocknen lassen.

ZUBEREITUNGSZEIT
30 MINUTEN

RUHEZEIT
90 MINUTEN

BACKZEIT
CA. 30 MINUTEN

BRIOCHE-SCHNECKEN MIT BEERENZWEIERLEI UND WEISSER SCHOKOLADE

Für 9 Brioche-Schnecken

FÜR DEN TEIG

100 ML MILCH
1 WÜRFEL FRISCHE HEFE
70 G ZUCKER
500 G MEHL, PLUS ETWAS MEHR ZUM BESTÄUBEN
1 PCK. VANILLEZUCKER
2 TL ZITRONENABRIEB
1 PRISE SALZ
3 BIO-EIER (GRÖSSE M)
150 G BUTTER, PLUS ETWAS MEHR ZUM EINFETTEN

FÜR DIE FÜLLUNG

200 G HIMBEEREN
250 G ERDBEER-KONFITÜRE
50 G WEISSE SCHOKOLADE

AUSSERDEM

AUFLAUFFORM (CA. 20 X 25 CM)
KÜCHENREIBE

Für den Briocheteig die Milch lauwarm erhitzen. Hefe hineinbröseln, mit 1 EL Zucker in der Milch auflösen und 10 Minuten ruhen lassen.

Das Mehl in eine Schüssel sieben, mit restlichem Zucker, Vanillezucker, Zitronenabrieb und Salz vermischen. Die Hefemilch und die Eier zugeben und ca. 5 Minuten kräftig kneten. Die Butter in Stückchen schneiden, hineingeben und weiterkneten, bis ein geschmeidiger Teig entstanden ist. Mit einem Tuch abdecken und an einem warmen Ort ca. 1 Stunde gehen lassen.

Den Backofen auf 180 °C Ober-/Unterhitze vorheizen. Die Auflaufform mit Butter einfetten und mit Mehl bestäuben.

Für die Füllung die gewaschenen Himbeeren mit einer Gabel leicht zerdrücken und mit der Erdbeerkonfitüre vermischen.

Den Teig noch einmal gut durchkneten und auf einer bemehlten Arbeitsfläche zum Rechteck (ca. 40 x 50 cm) ausrollen. Die Himbeer-Erdbeermischung daraufstreichen und dabei einen 1 cm breiten Rand frei lassen. Weiße Schokolade darüberraspeln. Den Teig von der kurzen Seite her aufrollen und in 9 gleich große Stücke schneiden. Die Schnecken mit der Schnittseite nach oben nebeneinander in die Auflaufform setzen und noch einmal 20 Minuten abgedeckt ruhen lassen.

In der Mitte des Backofens ca. 30 Minuten backen und anschließend in der Auflaufform servieren.

ZUBEREITUNGSZEIT
40 MINUTEN

KÜHLZEIT
MIND. 1 STUNDE

BACKZEIT
CA. 18 MINUTEN

BROMBEER-HONIG-HANDPIES MIT LAVENDEL

Für ca. 14 Stück

- 250 G MEHL, PLUS MEHR ZUM BESTÄUBEN
- 20 G GEMAHLENE MANDELN
- ¼ TL NATRON
- JE 1 PRISE MUSKATBLÜTE, ZIMT UND KARDAMOM
- 30 G ZIMMERWARME BUTTER
- 190 G HONIG
- 1 BIO-EI (GRÖSSE M)
- 80 G HIMBEEREN
- 100 G BROMBEER-KONFITÜRE
- 1–2 TROPFEN VERZEHRFÄHIGES LAVENDELÖL

AUSSERDEM

- RUNDE AUSSTECHFORM (6 CM Ø)

Für den Teig Mehl, gemahlene Mandeln, Natron und die Gewürze mischen. Die Butter mit dem Honig cremig aufschlagen. Das Ei untermengen, alles mit der Mehlmischung zu einem glatten Teig verkneten und für mindestens 1 Stunde in den Kühlschrank stellen.

Den Backofen auf 180 °C Ober-/Unterhitze vorheizen.

Die Himbeeren waschen, trocken tupfen und mit einer Gabel zerdrücken. Anschließend mit der Brombeerkonfitüre und dem Lavendelöl vermischen.

Die Arbeitsfläche mit Mehl bestäuben und den Teig ca. 2–3 mm dünn ausrollen. Daraus mit der Ausstechform Kreise ausstechen. Auf die Hälfte der Teigkreise 1–2 Teelöffel von der Brombeermischung geben und diese jeweils mit einem nicht belegten Teigkreis bedecken. Die Ränder zunächst mit den Fingern gut andrücken und dann mit einer Gabel rundherum verzieren.

Die gefüllten Handpies auf ein mit Backpapier ausgelegtes Backblech legen und in der Mitte des Ofens ca. 18 Minuten goldbraun backen. Anschließend auf einem Kuchengitter vollständig abkühlen lassen.

TIPP:
100 g Puderzucker mit 2 EL Johannisbeersaft mischen und die fertigen Handpies damit bestreichen.

ZUBEREITUNGSZEIT
30 MINUTEN

BACKZEIT
CA. 50 MINUTEN

STACHELBEER-PFIRSICH-COBBLER MIT KARDAMOM

Für 4–6 Personen

- 2 GROSSE, REIFE PFIRSICHE
- 500 G STACHELBEEREN
- 2 EL BRAUNER ZUCKER
- 1 EL SPEISESTÄRKE
- 2 EL ZITRONENSAFT
- 100 ML APFELSAFT

FÜR DEN TEIG

- 160 G MEHL
- 80 G ZUCKER
- 1 PCK. VANILLE-ZUCKER
- ¼ TL GEMAHLENER KARDAMOM
- 1 TL BACKPULVER
- 1 PRISE SALZ
- 80 G BUTTER
- 125 ML BUTTERMILCH
- 1–2 EL ZIMTZUCKER

AUSSERDEM

AUFLAUFFORM

Den Backofen auf 180 °C Ober-/Unterhitze vorheizen.

Die Pfirsiche mit heißem Wasser überbrühen, die Haut abziehen, halbieren, den Kern herauslösen und das Fruchtfleisch in Spalten schneiden. Stachelbeeren waschen, putzen und mit den Pfirsichspalten, dem braunen Zucker, Speisestärke und Zitronen- und Apfelsaft mischen. Alles in eine Auflaufform geben.

Für den Teig Mehl, Zucker, Vanillezucker, Kardamom, Backpulver und und Salz in einer Schüssel vermischen. Die Butter in einem kleinen Topf schmelzen, mit der Buttermilch zur Mehlmischung geben und zu einem Teig verarbeiten. Diesen portionsweise auf dem Obst verteilen und den Stachelbeer-Pfirsich-Cobbler für ca. 50 Minuten in der Mitte des Backofens goldbraun backen. Mit Zimtzucker bestreuen.

TIPP:
Lauwarm mit einer Kugel Vanilleeis (Rezept Seite 105) oder eiskalter Sahne servieren. Dieser süße Auflauf schmeckt auch mit Blaubeeren.

VORBEREITUNGSZEIT
40 MINUTEN

ZUBEREITUNGSZEIT
50 MINUTEN

BACKZEIT
CA. 25 MINUTEN

HALBNACKTE TORTE MIT JOHANNISBEEREN

Für 1 Torte oder 12 Stücke

FÜR DIE BÖDEN

- 450 G ZIMMERWARME BUTTER, PLUS ETWAS MEHR ZUM EINFETTEN
- 450 G ZUCKER
- 9 BIO EIER (GRÖSSE M)
- 450 G MEHL
- 2 TL BACKPULVER
- ABRIEB 1 BIO-ZITRONE
- 4 EL MILCH

FÜR DIE FÜLLUNG

- 115 G ZIMMERWARMER FRISCHKÄSE
- 115 G ZIMMERWARME BUTTER
- 400 G PUDERZUCKER
- 2 EL ZITRONENSAFT
- 370 G JOHANNISBEER-FEIGEN-KONFITÜRE (REZEPT SEITE 21)

FÜR DAS TOPPING

- 200 G JOHANNISBEEREN
- 3 FEIGEN

AUSSERDEM

- SPRINGFORM (CA. 21 CM Ø)
- SPRITZBEUTEL

Den Backofen auf 180 °C Ober-/Unterhitze vorheizen.

Für die Tortenböden Butter und Zucker in einer Rührschüssel cremig schlagen. Eier nacheinander dazugeben. Mehl und Backpulver einrieseln lassen. Zitronenabrieb und die Milch zugeben und alles zu einem geschmeidigen Teig verarbeiten.

Die Springform mit Backpapier auslegen und den Rand leicht mit Butter einfetten. Den Teig in drei gleiche Portionen aufteilen und nacheinander ca. 25 Minuten in der Mitte des Backofens backen. Jeweils abkühlen lassen, aus der Form lösen und auf einem Küchenrost vollständig erkalten lassen. Bei Bedarf die Oberflächen mit einem Brotmesser begradigen, damit die einzelnen Tortenböden gut übereinander geschichtet werden können.

Für die Füllung Frischkäse mit Butter cremig schlagen. Puderzucker und Zitronensaft zugeben, kräftig verrühren und die Creme in einen Spritzbeutel füllen. Einen gleichmäßigen Creme-Ring auf den Rand des ersten Tortenbodens geben und den Rest des Bodens gleichmäßig mit Johannisbeer-Feigen-Konfitüre bestreichen. Dann den zweiten Boden auf den ersten setzen und genauso verfahren. Der dritte Boden bildet den Deckel.

Mit einem Teigspatel die herausquellende und die überschüssige Creme aus dem Spritzbeutel dünn rund um die Torte bzw. auf dem Deckel verstreichen.

Johannisbeeren und Feigen waschen und trocknen. Die Hälfte der Johannisbeeren von den Rispen zupfen und auf dem Kuchen verteilen. Feigen vierteln und auf den Beeren platzieren. Die restlichen Johannisbeeren mit den Rispen zur Dekoration darauflegen.

ZUBEREITUNGSZEIT
30 MINUTEN

KÜHLZEIT
4–5 STUNDEN

HIMBEER-CHARLOTTE

Für 1 Charlotte oder ca. 6 Stück

- 500 G HIMBEEREN, PLUS ETWAS MEHR ZUM VERZIEREN
- 8 BLATT GELATINE
- 100 G ZUCKER
- 500 G CRÈME FRAÎCHE
- ABRIEB UND SAFT VON 1 BIO-ZITRONE
- 300 G SAHNE
- 14–16 LÖFFELBISKUITS (CA. 10 CM LANG)
- 2 EL GEHACKTE PISTAZIEN
- PUDERZUCKER ZUM BESTREUEN

AUSSERDEM

- PÜRIERSTAB
- FEINES SIEB
- TORTENRING

Die Himbeeren verlesen, waschen und ca. 15 Stück beiseitelegen. Die restlichen Beeren pürieren und durch ein Sieb streichen.

Die Gelatine in kaltem Wasser einweichen. Zucker in einem Topf mit 3 EL Wasser unter Rühren erhitzen, bis er sich aufgelöst hat. Den Topf vom Herd nehmen, die Gelatine ausdrücken und in dem Zuckersirup auflösen.

Crème fraîche in einer Schüssel kräftig aufschlagen, Himbeerpüree, Zitronenabrieb und -saft und den eingekochten Zuckersirup einrühren. Abgedeckt kalt stellen. Sobald die Masse zu gelieren beginnt, die Sahne steif schlagen und unterheben.

Den Tortenring auf 160 mm einstellen, auf eine Kuchenplatte stellen und die Löffelbiskuits senkrecht, mit dem Zuckerrand nach außen, am inneren Rand der Form anordnen. Die Himbeercreme vorsichtig einfüllen und glatt streichen.

Die Himbeer-Charlotte abdecken und 4–5 Stunden kalt stellen. Nach der Kühlzeit den Tortenring vorsichtig abnehmen und die Charlotte mit Himbeeren, Pistazien und Puderzucker verzieren.

TIPP:
Statt der Himbeeren kann eine Charlotte z. B. auch mit Mango oder Orangen hergestellt werden.

ZUBEREITUNGSZEIT
30 MINUTEN

BACKZEIT
CA. 55 MINUTEN

JOHANNISBEERKUCHEN VOM BLECH MIT TONKA-BOHNEN-BAISER-KRUSTE

Für 1 Blech

- 6 BIO-EIER (GRÖSSE M)
- 500 G ZUCKER
- 250 G ZIMMERWARME BUTTER
- 250 G MEHL
- 1 PCK. VANILLEZUCKER
- 3 TL BACKPULVER
- 1 TL SALZ
- 1 KG JOHANNISBEEREN
- 1 PRISE GEMAHLENE TONKABOHNE

Den Backofen auf 190 °C Ober-/Unterhitze vorheizen.

3 Eier trennen. Die Eiweiße in eine separate Schüssel geben und kalt stellen. Die Eigelbe und die restlichen 3 Eier mit 250 g Zucker und Butter cremig schlagen. Mehl, Vanillezucker, Backpulver und Salz zugeben und verrühren. Ein Backblech mit Backpapier auslegen und den Teig gleichmäßig darauf verstreichen.

Die Johannisbeeren waschen, abtropfen lassen, die Beeren von den Rispen zupfen und auf dem Teig verteilen. 40 Minuten in der Mitte des Ofens backen.

Für die Baiserkruste Die Eiweiße aus dem Kühlschrank nehmen und mit dem restlichen Zucker und dem Tonkabohnenpulver steif schlagen, bis sich aus der Masse Spitzen ziehen lassen.

Den Kuchen aus dem Ofen nehmen und die Baisermasse gleichmäßig darauf verteilen. Das Backblech wieder in den Ofen schieben und für ca. 10–15 Minuten weiterbacken. Dabei das Baiser beobachten, damit es nicht braun wird.

TIPP:
Dieses Rezept schmeckt auch mit anderen sauren Früchten wie Stachelbeeren oder Rhabarber.

ZUBEREITUNGSZEIT
35 MINUTEN

BACKZEIT
CA. 20 MINUTEN

BEEREN-CLAFOUTIS MIT GEBRANNTEM MANDEL-CRUNCH

Für 4 Personen

- 40 G BRAUNER ZUCKER
- 2 TL VANILLEZUCKER
- 1 PRISE ZIMT
- 100 G UNGESCHÄLTE MANDELN
- 200 G SAHNE
- 80 G ZUCKER
- 3 BIO-EIGELB (GRÖSSE M)
- 2 BIO-EIER (GRÖSSE M)
- 50 G GEMAHLENE MANDELN
- 20 G MEHL
- 250 G GEMISCHTE BEEREN

AUSSERDEM
AUFLAUFFORM

30 ml Wasser in eine kleine Pfanne geben und bei mittlerer Stufe erhitzen. Zucker, Vanillezucker und Zimt unterrühren und zum Kochen bringen. Die Mandeln zugeben und gleichmäßig mit der Zuckermasse verrühren, bis der Zucker an ihnen haften bleibt. Dabei durchgehend rühren. Die karamellisierten Mandeln auf ein Stück Backpapier geben. Sobald sie trocken und abgekühlt sind, zerstoßen.

Den Backofen auf 190 °C Ober-/Unterhitze vorheizen.

Sahne mit Zucker, Eigelb und den Eiern in einer Schüssel verrühren. Gemahlene Mandeln und Mehl untermischen und in eine große Auflaufform gießen.

Die gemischten Beeren waschen, abtropfen lassen und auf der Masse verteilen. Die Auflaufform in die Mitte des Backofens schieben und ca. 20 Minuten backen.

Etwas abkühlen lassen und mit dem zerstoßenen Mandel-Crunch bestreuen.

TIPP:
Dazu passt eine Kugel Vanilleeis (Rezept Seite 105).

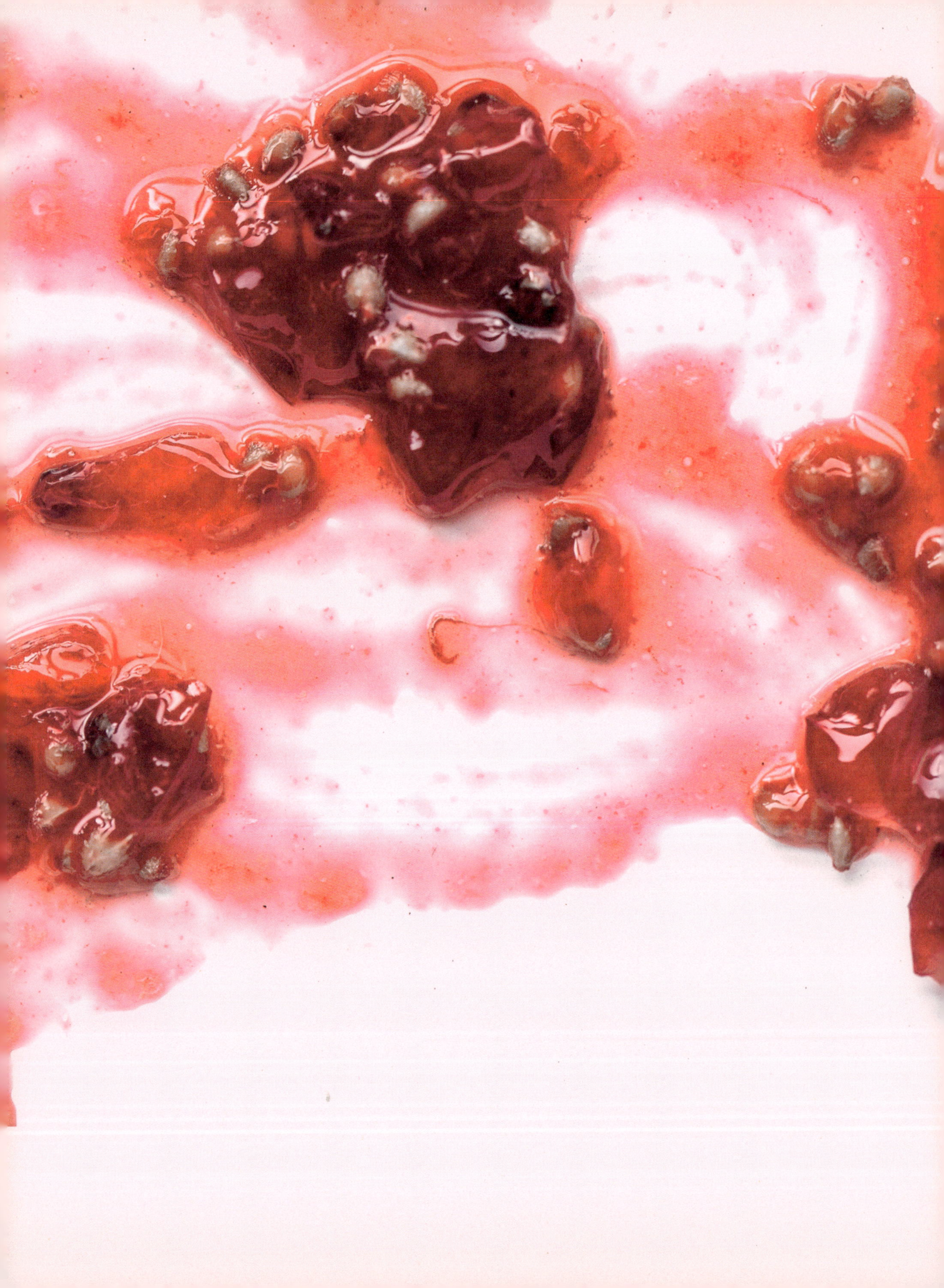

HERZHAFT

BETTER WITH BERRIES

Das gewisse Etwas – vielseitige Früchtchen pikant in Szene gesetzt: Süß und wandelbar passen sie perfekt zu intensiven, würzigen Aromen

ZUBEREITUNGSZEIT	KOCHZEIT	BACKZEIT
30 MINUTEN	1 STUNDE	8 – 10 MINUTEN

CAMEMBERT MIT BEEREN-CHUTNEY UND WALNUSS-HONIG-TOPPING

Für 4 Personen

- 200 G BROMBEEREN
- 200 G SCHWARZE JOHANNISBEEREN
- 200 G ROTE JOHANNISBEEREN
- 100 G HEIDELBEEREN
- 5 ZWEIGE THYMIAN
- 1 ROTE ZWIEBEL
- 2 GEWÜRZNELKEN
- 1 ZIMTSTANGE
- 1 TL PFEFFERKÖRNER
- 1 TL PIMENTKÖRNER
- ABRIEB UND SAFT VON 1 BIO-ORANGE
- 100 G BRAUNER ZUCKER
- 50 ML MILDER WEISSWEINESSIG
- 4 KLEINE CAMEMBERTS (À CA. 100 G)
- 4 EL WALNUSSKERNE
- 1 EL FLÜSSIGER HONIG

AUSSERDEM

GEWÜRZSÄCKCHEN

Die Beeren verlesen, waschen und abtropfen lassen. Die Johannisbeeren von den Rispen zupfen. Die Thymianzweige waschen und trocknen. Rote Zwiebel schälen und in feine Ringe schneiden.

1 Thymianzweig, Gewürznelken, Zimtstange, Pfeffer- und Pimentkörner in ein Gewürzsäckchen geben. Beeren, Zwiebelringe, Orangenabrieb und -saft mit braunem Zucker, Weißweinessig und dem Gewürzsäckchen in einen Topf geben, kurz aufkochen und ca. 1 Stunde bei niedriger Temperatur köcheln lassen. Dabei das Beeren-Chutney hin und wieder umrühren. Gewürzsäckchen entfernen, die Masse in ein Glas umfüllen und abkühlen lassen.

Den Backofen auf 180 °C Ober-/Unterhitze vorheizen.

Die Camemberts auf ein mit Backpapier ausgelegtes Backblech setzen, mit je 1 Thymianzweig belegen und für 8–10 Minuten in der Mitte des Ofens backen.

Die Walnusskerne zerstoßen und mit Honig vermischen.

Den warmen Käse mit Beeren-Chutney und Honig-Walnüssen servieren. Dazu passt frisch gebackenes Brot.

ZUBEREITUNGSZEIT
50 MINUTEN

BACKZEIT
CA. 15 MINUTEN

RINDERFILET MIT PREISELBEER-WACHOLDERJUS

Für 4 Personen

FÜR DIE PREISELBEER-WACHOLDERJUS

60 G PREISELBEEREN
140 G BROMBEEREN
2 SCHALOTTEN
1 KNOBLAUCHZEHE
1 KAROTTE
2 EL OLIVENÖL
100 ML PORTWEIN
200 ML ROTWEIN
200 ML RINDERFOND
1 EL BROMBEERGELEE
6 WACHOLDERBEEREN
60 G KALTE BUTTER
20 G DUNKLE SCHOKOLADE
SALZ UND PFEFFER AUS DER MÜHLE
1 SPRITZER ZITRONENSAFT

FÜR DAS FLEISCH

600 G RINDERFILET AM STÜCK
BUTTERSCHMALZ ZUM BRATEN
2 TL THYMIANBLÄTTER

AUSSERDEM

FEINES SIEB

Für die Preiselbeer-Wacholderjus die Beeren waschen und abtropfen lassen.

Die Schalotten und die Knoblauchzehe schälen und fein hacken. Die Karotte schälen und in kleine Würfel schneiden. Schalotten und Knoblauch in einer Pfanne in Olivenöl ca. 4 Minuten bei mittlerer Hitze andünsten. Mit Portwein ablöschen und um die Hälfte reduzieren. Rotwein, Rinderfond, Brombeergelee, Wacholder und Preiselbeeren und 50 g Brombeeren dazugeben und weitere 10 Minuten leicht köcheln lassen.

Durch ein Sieb passieren, mit den restlichen Brombeeren in einen Topf geben und nochmals ca. 5 Minuten einkochen. Die kalte Butter in Würfel schneiden, mit der Schokolade in die Sauce geben und schmelzen lassen. Mit Salz, Pfeffer und dem Zitronensaft abschmecken. Die Jus warmhalten.

Den Backofen auf 140 °C Ober-/Unterhitze vorheizen.

Das Fleisch rundherum mit Salz und Pfeffer würzen. Das Butterschmalz in eine heiße Pfanne geben und das Rinderfilet von allen Seiten scharf anbraten. Mit Thymian würzen und im Backofen ca. 15 Minuten rosa garen. Das Fleisch aus dem Ofen nehmen, 1–2 Minuten ruhen lassen, in Scheiben schneiden und mit Preiselbeer-Wacholderjus servieren.

Dazu passen Kartoffel- oder Selleriestampf oder das Pfifferling-Gorgonzola-Risotto (Rezept Seite 71).

ZUBEREITUNGSZEIT
30 MINUTEN

KÜHLZEIT
3 STUNDEN

ERDBEER-MELONEN-GAZPACHO

Für 4–6 Personen

500 G ERDBEEREN
500 G WASSERMELONENFRUCHTFLEISCH
1 SALATGURKE
4 FRÜHLINGSZWIEBELN, PLUS MEHR ZUM GARNIEREN
1 ROTE PAPRIKA
1 ROTE PEPERONI
1 KNOBLAUCHZEHE
1 EL ZITRONENSAFT
2 TL HELLER BALSAMICOESSIG
SALZ UND PFEFFER AUS DER MÜHLE
1–2 TL CHILIFLOCKEN

AUSSERDEM
STABMIXER

Die Erdbeeren waschen und putzen. 8 Erdbeeren in kleine Würfel schneiden und zum Garnieren beiseitestellen, restliche Beeren halbieren. Wassermelonenfruchtfleisch entkernen und und ebenfalls würfeln. Die Salatgurke schälen, Frühlingszwiebeln, Paprikaschote und Peperoni putzen, waschen und alles klein bzw. in feine Ringe schneiden. Die Knoblauchzehe schälen und pressen.

Erdbeeren, Wassermelone, Gurke, Frühlingszwiebeln, Paprika, Peperoni, Knoblauch, Zitronensaft und Balsamicoessig mit einem Stabmixer pürieren. Mit Salz, Pfeffer und Chiliflocken abschmecken und für ca. 3 Stunden kalt stellen.

Gazpacho mit Erdbeerwürfeln, Frühlingszwiebeln und frisch gemahlenem Pfeffer garnieren.

TIPP:
Statt der Wassermelone passierte Tomaten verwenden.

ZUBEREITUNGSZEIT
30 MINUTEN

GEBRATENES DORADENFILET MIT SÜSS-SCHARFER ERDBEERSALSA UND TORTILLA-CRUNCH

Für 4 Personen

FÜR DIE SALSA

500 G ERDBEEREN
2 FRÜHLINGSZWIEBELN
1 ROTE CHILISCHOTE
½ BUND KORIANDERGRÜN

FÜR DAS DRESSING

1 EL ZITRONENSAFT
2 EL HELLER BALSAMICOESSIG
1 TL FLÜSSIGER HONIG
1 EL RAPSÖL
SALZ UND PFEFFER AUS DER MÜHLE
CHILIFLOCKEN

4 DORADENFILETS MIT HAUT À CA. 100 G (ENTSCHUPPT UND ENTGRÄTET)
MEHL ZUM BESTÄUBEN
BUTTER ZUM BRATEN
SALZ UND PFEFFER AUS DER MÜHLE
8–10 WÜRZIGE TORTILLACHIPS

Die Erdbeeren waschen, putzen und klein würfeln. Die Frühlingszwiebeln waschen, putzen und in feine Ringe schneiden. Chilischote vom Stiel befreien, halbieren, die Kerne herauslösen, unter kaltem Wasser abspülen und klein hacken. Erdbeeren, Frühlingszwiebeln und Chili in einer Schüssel mischen.

Koriander waschen, trocken schütteln und fein hacken.

Für das Dressing Zitronensaft, Balsamicoessig, Honig und Rapsöl verrühren. Mit Salz, Pfeffer und Chiliflocken abschmecken. Dressing über die Erdbeer-Chili-Mischung geben und mit Koriander bestreuen.

Die Doradenfilets mit kaltem Wasser abspülen, trocken tupfen und die Hautseite mit Mehl bestäuben. Etwas Butter in einer Pfanne erhitzen. Die Fischfilets auf der Hautseite knusprig braten, nur kurz wenden und mit Salz und Pfeffer würzen.

Die Filets mit der Erdbeersalsa anrichten, die Tortillachips zerbröseln und darüberstreuen.

TIPP:
Erdbeersalsa passt auch solo als Dip zu Tortillachips.

ZUBEREITUNGSZEIT
60 MINUTEN

BACKZEIT
CA. 40 MINUTEN

GEBACKENE AUBERGINEN MIT DATTELMUS, JOGHURT UND JOHANNISBEEREN

Für 4 Personen

1 KNOBLAUCHZEHE
5 EL OLIVENÖL
SALZ UND PFEFFER AUS DER MÜHLE
2 GROSSE AUBERGINEN
100 G ENTSTEINTE DATTELN
1 PRISE ZIMT
200 G COUSCOUS
½ TL RAS EL HANOUT
1 PRISE CAYENNEPFEFFER
1 PRISE PIMENT
6 STÄNGEL MINZE
200 G GRIECHISCHER JOGHURT
150 G GEMISCHTE JOHANNISBEEREN

AUSSERDEM

STABMIXER

Den Backofen auf 200 °C Ober-/Unterhitze vorheizen.

Die Knoblauchzehe schälen, pressen und mit 4 EL Olivenöl, Salz und Pfeffer mischen. Die Auberginen waschen, längs halbieren und die Hälften gleichmäßig mit der Olivenölmischung bestreichen. Die Auberginenhälften mit der Schnittseite nach oben in eine Auflaufform oder auf ein Backblech legen. In der Mitte des Backofens ca. 40 Minuten backen.

In der Zwischenzeit die Datteln mit ca. 100 ml Wasser in einem kleinen Topf aufkochen, 1 Minute köcheln, vom Herd nehmen, Zimt unterrühren und ca. 20 Minuten abkühlen und aufquellen lassen. Anschließend mit einem Stabmixer pürieren. Bei Bedarf noch etwas Wasser zugeben.

Couscous in eine Schale geben, mit 1 EL Olivenöl mischen und mit ca. 300 ml kochendem Wasser übergießen. Mit Ras el Hanout, Salz, Cayennepfeffer und Piment würzen und ca. 20 Minuten abgedeckt quellen lassen.

Die Minze waschen, trocken tupfen, Blätter abzupfen und hacken. Den Joghurt in einer kleinen Schüssel salzen, pfeffern und etwas gehackte Minze untermischen.

Die Johannisbeeren waschen, trocken schütteln und die Beeren von den Rispen zupfen. Die Auberginen aus dem Ofen nehmen und mit dem Dattelmus bestreichen. Couscous und Joghurt dazu servieren und mit Johannisbeeren und der restlichen Minze bestreuen.

ZUBEREITUNGSZEIT
25 MINUTEN

HIMBEER-BALSAMICOESSIG

Für ca. 500 ml

250 G HIMBEEREN
80 G ZUCKER
250 G WEISSER BALSAMICOESSIG

AUSSERDEM
STABMIXER
FEINES SIEB
STERILE FLASCHE

Die Himbeeren waschen und abtropfen lassen. 10 Himbeeren beiseitelegen und die restlichen leicht zerdrücken. Den Zucker in einem Topf schmelzen, mit Balsamicoessig ablöschen, Himbeeren zugeben und 15–20 Minuten bei schwacher Hitze köcheln lassen.

Die Himbeermasse mit einem Stabmixer pürieren, durch ein feines Sieb streichen und in ein Glas füllen. Die beiseitegelegten Himbeeren hineingeben, 4–5 Tage durchziehen lassen und in eine Flasche abfüllen.

TIPP:
Passt als Dressing zu Rote-Bete-Carpaccio (Rezept Seite 73) oder zum Spinatsalat (Rezept Seite 67). Wenn es mal schnell gehen muss, einfach auf das Einlegen der Himbeeren verzichten und sofort genießen.

ZUBEREITUNGSZEIT
40 MINUTEN

SPINATSALAT MIT HIMBEER-DRESSING, FETASTICKS UND JOHANNISBEEREN

Für 4 Personen

FÜR DAS DRESSING

50 ML HIMBEER-BALSAMICOESSIG (REZEPT SEITE 65)
1 TL DIJONSENF
2 TL HONIG
150 ML RAPSÖL
50 ML OLIVENÖL
10 HIMBEEREN
SALZ UND PFEFFER AUS DER MÜHLE

FÜR DEN SALAT

250 G JUNGE SPINATBLÄTTER
200 G ROTE JOHANNISBEEREN
1 ROTE ZWIEBEL
1 EL BUTTER
250 G BRAUNE CHAMPIGNONS
SALZ UND PFEFFER AUS DER MÜHLE

FÜR DIE FETASTICKS

400 G FETA
6 EL GESCHÄLTE SESAMSAMEN
2 BIO-EIER
2–3 EL ÖL ZUM BRATEN

AUSSERDEM

STABMIXER

Für das Dressing den Himbeer-Balsamicoessig mit Dijonsenf und Honig verrühren. Raps- und Olivenöl in dünnem Strahl zugießen und cremig schlagen. Himbeeren waschen, trocknen, zur Essig-Öl-Mischung geben und mit einem Stabmixer fein pürieren. Mit Salz und Pfeffer abschmecken.

Für den Salat den Spinat waschen und trocknen. Die Johannisbeeren waschen, vorsichtig trocken tupfen und die Beeren von den Rispen zupfen. Zwiebel schälen und in feine Ringe schneiden. Butter in einer Pfanne erhitzen und die Zwiebel darin dünsten. Die Champignons putzen, in feine Scheiben schneiden, in die Pfanne geben und 2–3 Minuten braten. Mit Salz und Pfeffer abschmecken.

Für die Fetasticks den Schafskäse in ca. 1 cm dicke Scheiben schneiden. Sesamsamen in einen tiefen Teller geben. Die Eier verquirlen, den Feta darin wenden. Anschließend im Sesam wälzen und leicht andrücken. Öl in einer Pfanne erhitzen und die Fetasticks darin von allen Seiten goldgelb braten.

Den Spinat mit dem Himbeerdressing mischen und in einer Schale anrichten. Gebratene Champignons mit den Zwiebeln darübergeben, die Johannisbeeren über dem Salat verteilen und mit den warmen Fetasticks servieren.

QUINOA-SALAT MIT ERDBEEREN, AVOCADO UND ZITRONEN-VINAIGRETTE

Für 4 Personen

200 G QUINOA
400 ML GEMÜSEBRÜHE
8 EL OLIVENÖL
4 GROSSE KAROTTEN
2 SCHALOTTEN
1–2 EL BRAUNER ZUCKER
SALZ UND PFEFFER AUS DER MÜHLE

FÜR DIE VINAIGRETTE

1 KNOBLAUCHZEHE
ABRIEB UND SAFT VON 1 BIO-ZITRONE
1 TL TAHIN (SESAMPASTE)
1–2 TL FLÜSSIGER HONIG
SALZ UND PFEFFER AUS DER MÜHLE
4 EL GEHACKTE PETERSILIE
400 G ERDBEEREN
1 AVOCADO

Quinoa abspülen und in einem Topf zusammen mit der Gemüsebrühe ca. 15 Minuten leicht köcheln lassen. Dann abgießen, gut abtropfen, mit 1 EL Olivenöl vermengen und abkühlen lassen.

Die Karotten schälen und in dünne Stifte schneiden. Die Schalotten schälen und fein würfeln. Karottenstifte in 1 EL Olivenöl in einer Pfanne ca. 2 Minuten dünsten, die Schalotten zugeben und weitere 2 Minuten braten. Mit Zucker bestreuen, kurz karamellisieren lassen, mit Salz und Pfeffer abschmecken und beiseitestellen.

Für die Vinaigrette die Knoblauchzehe schälen, pressen und mit Zitronenabrieb und -saft, Tahin, Honig und dem restlichen Olivenöl kräftig zu einem cremigen Dressing schlagen. Mit Salz und Pfeffer abschmecken und die gehackte Petersilie untermischen.

Die Erdbeeren waschen, putzen und in kleine Stücke schneiden. Die Avocado halbieren, den Kern entfernen, das Fruchtfleisch mit einem Löffel aus der Schale lösen und in Spalten oder Würfel schneiden.

Quinoa mit der Karotten-Zwiebel-Mischung, den Erdbeeren und dem Dressing mischen. Die Avocado darüber verteilen und sofort servieren.

ZUBEREITUNGSZEIT
50 MINUTEN

PFIFFERLING-GORGONZOLA-RISOTTO MIT SCHARFEN CHILI-BLAUBEEREN

Für 3–4 Personen

FÜR DIE CHILI-BLAUBEEREN

1 SCHALOTTE
50 G BRAUNER ZUCKER
1 EL BUTTER
200 G BLAUBEEREN
50 ML ROTWEIN
50 ML JOHANNIS-BEERSAFT
1 EL BALSAMICOESSIG
SALZ
1 TL CHILIFLOCKEN

FÜR DAS RISOTTO

2 SCHALOTTEN
1 KNOBLAUCHZEHE
700 ML GEMÜSEFOND
1 EL BUTTER
250 G RISOTTOREIS
100 ML WEISSWEIN
SALZ UND PFEFFER AUS DER MÜHLE
40 G KALTE BUTTER
20 G PARMESAN UND 100 G GEWÜRFELTER GORGONZOLA

FÜR DIE PFIFFERLINGE

250 G PFIFFERLINGE
4 FRÜHLINGSZWIEBELN
3 EL OLIVENÖL
SALZ UND PFEFFER

Für die Chili-Blaubeeren die Schalotte schälen und fein hacken. Den Zucker mit Butter in einem Topf schmelzen, Schalotte und die gewaschenen Blaubeeren zugeben, Rotwein, Johannisbeersaft und Balsamicoessig zugießen, salzen, mit Chiliflocken würzen und 10–15 Minuten sämig einkochen lassen.

Für das Risotto die Schalotten und die Knoblauchzehe schälen und fein würfeln. Den Gemüsefond in einem Topf erhitzen. Butter in einem weiteren Topf zerlassen und die Schalotten mit der Knoblauchzehe darin andünsten. Risottoreis dazugeben, umrühren und glasig dünsten. Mit Weißwein ablöschen und mit heißem Gemüsefond so weit auffüllen, dass der ganze Reis damit bedeckt ist. Nach und nach die restliche Flüssigkeit unter Rühren zugeben und insgesamt ca. 20 Minuten offen köcheln lassen. Der Reis sollte leicht bissfest gegart sein. Den Topf vom Herd ziehen, das Risotto mit Salz und Pfeffer abschmecken, die kalte Butter in kleine Stückchen schneiden und unterrühren. Parmesan und Gorgonzola unterziehen und schmelzen lassen.

Die Pfifferlinge verlesen, säubern, waschen und trocknen. Frühlingszwiebeln putzen, waschen und in Ringe schneiden. Olivenöl in einer Pfanne erhitzen und Pfifferlinge mit den Frühlingszwiebeln darin ca. 5 Minuten braten. Mit Salz und Pfeffer abschmecken.

Die gebratenen Pfifferlinge mit den Chili-Blaubeeren auf dem Risotto anrichten.

ZUBEREITUNGSZEIT
1 STUNDE

ROTE-BETE-CARPACCIO MIT BROMBEEREN UND GEBRATENEM ZIEGENKÄSE

Für 4 Personen

4 KNOLLEN ROTE BETE
1 ROTE ZWIEBEL
6 EL OLIVENÖL
50 ML GEMÜSEBRÜHE
2 EL HIMBEERESSIG
1 EL BALSAMICOESSIG
1 EL BROMBEERGELEE
SALZ UND PFEFFER AUS DER MÜHLE
100 G FELDSALAT
8 ZIEGENKÄSETALER À CA. 20 G
ÖL ZUM BRATEN
50 G WALNÜSSE
1–2 EL FLÜSSIGER HONIG
100 G BROMBEEREN

Rote Beten waschen, putzen und im Ganzen in ungesalzenem Wasser gar kochen, herausnehmen und abkühlen lassen.

Die rote Zwiebel schälen, fein würfeln und in 2 EL Olivenöl anschwitzen. Mit Gemüsebrühe ablöschen. Himbeeressig, Balsamicoessig und Brombeergelee einrühren. Restliches Olivenöl zugießen und kräftig aufschlagen. Mit Salz und Pfeffer abschmecken.

Die Roten Beten schälen, in hauchdünne Scheiben hobeln und auf 4 Tellern überlappend anrichten.

Feldsalat gründlich waschen, trocken schleudern, mit dem Dressing mischen und auf dem Rote-Bete-Carpaccio verteilen.

Die Ziegenkäsetaler in einer Pfanne mit etwas Öl 1 Minute von beiden Seiten bei mittlerer Hitze braten und auf den Feldsalat setzen. Die Walnüsse hacken, mit Honig mischen und auf die Ziegenkäsetaler geben.

Brombeeren waschen, trocken tupfen und darüberstreuen.

TIPP:
Die Garzeit der Roten Beten variiert je nach Größe der Knollen zwischen 30 und 50 Minuten.

DESSERT

SWEETS AND TREATS BERRIES

Einfach raffiniert – unwiderstehliche Beerendesserts: ob als sinnlich süßer Sommerschmaus zum Nachtisch oder als fruchtiger Snack schnell mal zwischendurch

ZUBEREITUNGSZEIT
40 MINUTEN

ZIEHZEIT
MIND. 2–3 STUNDEN

GRIESSFLAMMERI-BRÛLÉE MIT BALSAMICO-ERDBEEREN UND PINIENKERNEN

Für 4 Personen

FÜR DIE BALSAMICO-ERDBEEREN

200 G ERDBEEREN
1 EL BRAUNER ZUCKER
500 ML DUNKLER BALSAMICOESSIG
2 EL GERÖSTETE PINIENKERNE

FÜR DAS GRIESSFLAMMERI-BRÛLÉE

1 VANILLESCHOTE
2 BIO-EIER (GRÖSSE M)
500 ML MILCH
50 G WEISSER ZUCKER
1 PCK. VANILLEZUCKER
½ TL BIO-ZITRONENABRIEB
1 PRISE SALZ
75 G WEICHWEIZEN-GRIESS
4–5 EL BRAUNER ZUCKER

AUSSERDEM

CRÈME-BRÛLÉE-BRENNER

Die Erdbeeren waschen, putzen, vierteln und mit dem braunen Zucker vermischen. Den Balsamicoessig in einem Topf erhitzen und um die Hälfte einkochen. Die Erdbeeren mit dem heißen Essig übergießen. Pinienkerne untermischen und 2–3 Stunden durchziehen lassen.

Für das Grießflammeri-Brûlée die Vanilleschote längs halbieren und das Mark herauskratzen. Die Eier trennen und die Eiweiße steif schlagen. Die Eigelbe beseite stellen. Milch mit Vanillemark, Vanilleschote, Zucker, Vanillezucker, Zitronenabrieb und Salz in einem Topf erhitzen. Weichweizengrieß einrieseln lassen und ca. 3–4 Minuten bei kleiner Hitze dicklich einkochen. Den Topf vom Herd ziehen, Vanilleschote herausnehmen und die Eigelbe einrühren. Eischnee mit einem Schneebesen unter die heiße Masse ziehen, in Förmchen füllen und abkühlen lassen.

Grießflammeri mit braunem Zucker bestreuen, mit einem Crème-Brûlée-Brenner karamellisieren und dazu die Balsamico-Erdbeeren servieren.

TIPP:
Balsamico-Erdbeeren schmecken auch als Topping zu Vanilleeis (Rezept Seite 105).

ZUBEREITUNGSZEIT
1 STUNDE

KÜHLZEIT
2 STUNDEN

BLAUBEER-SCHOKO-MILCH-REIS MIT KNUSPRIGEM PISTAZIENKROKANT

Für 6 Personen

- 100 G PISTAZIEN
- 70 G BRAUNER ZUCKER
- SALZ
- 150 G TK-BLAUBEEREN
- SAFT VON ½ ZITRONE
- 2 EL WEISSER ZUCKER
- 400 ML MILCH
- 250 G SAHNE
- 1 VANILLESCHOTE
- 150 G RUNDKORNREIS
- 120 G WEISSE SCHOKOLADE
- 150 G FRISCHE BLAUBEEREN

Für den Krokant die Pistazien grob hacken. Den braunen Zucker mit 1 Prise Salz in einem Topf bei mittlerer Hitze schmelzen. Die gehackten Pistazien dazugeben und gut verrühren bis alles gleichmäßig bedeckt ist. Die Masse auf ein mit Backpapier ausgelegtes Backblech geben, sofort flach drücken, abkühlen und trocknen lassen. Pistazienkrokant in kleine Stücke brechen.

Die TK-Blaubeeren mit Zitronensaft und 1 EL weißem Zucker in einem kleinen Topf erhitzen, für ca. 8 10 Minuten leise köcheln und abkühlen lassen.

Milch, Sahne und 1 Prise Salz in einen Topf geben. Die Vanilleschote längs halbieren, das Mark herauskratzen und beides mit der Milchmischung aufkochen. Rundkorn-reis einrieseln lassen, den restlichen weißen Zucker zugeben, nochmals aufkochen und bei schwacher Hitze ca. 20–25 Minuten fertig garen. Dabei immer wieder umrühren. Die Vanilleschote herausnehmen. Die weiße Schokolade hacken, am Ende der Garzeit 100 g unter den Reis mischen und schmelzen lassen. Den Topf vom Herd nehmen, die gekochten Blaubeeren unter den Reis ziehen und ca. 10 Minuten quellen lassen. Den Milchreis in Schälchen, Gläser oder Teller füllen. Die frischen gewaschenen Blaubeeren darauf verteilen und bis zum Servieren ca. 2 Stunden kalt stellen.

Mit Pistazienkrokant und restlicher gehackter weißer Schokolade bestreuen.

ZUBEREITUNGSZEIT
20 MINUTEN

BUNTE SOMMERBEEREN-ROLLEN MIT SCHOKOLADENDIP

Für 8 Rollen

- 100 G HIMBEEREN
- 100 G ERDBEEREN
- 100 G BROMBEEREN
- 100 G BLAUBEEREN
- 100 G JOHANNIS-BEEREN
- 8 REISBLÄTTER
- 50 G ZARTBITTER-SCHOKOLADE
- 50 G WEISSE SCHOKOLADE

Die Beeren verlesen, putzen, waschen, abtropfen lassen und die Johannisbeeren von den Rispen zupfen.

Die Reisblätter kurz in eine flache Schale mit kaltem Wasser legen, bis sie weich sind. Herausnehmen und nacheinander mit den gemischten Beeren füllen. Dazu die Beeren längs in der Mitte des Reisblattes platzieren, die Seiten einschlagen und fest aufrollen.

Die verschiedenen Schokoladen schmelzen und als Dips zu den Früchterollen servieren.

TIPP:
Natürlich lassen sich die Sommerrollen auch mit anderen Früchten der Saison herstellen.

ZUBEREITUNGSZEIT
25 MINUTEN

KÜHLZEIT
2 STUNDEN

NEW YORK CHEESECAKE IM GLAS MIT ERDBEEREN

Für 4 Personen

6 HAFERKEKSE
500 G ERDBEEREN
1 EL HONIG
350 G NATURJOGHURT
150 G FRISCHKÄSE
40 G PUDERZUCKER
1 EL ZITRONENSAFT
20 G WEISSE SCHOKOLADE

AUSSERDEM:
STABMIXER
SPRITZBEUTEL (NACH BEDARF)

Die Haferkekse mit den Fingern fein zerbröseln und auf die Gläser verteilen.

Die Erdbeeren waschen, putzen und abtropfen lassen. Je nach Glasgröße 12–16 Erdbeeren halbieren und mit der Schnittseite an den Rand der Gläser auf die zerbröselten Kekse stellen. Die restlichen Erdbeeren klein schneiden und mit dem Honig in einem hohen Gefäß mit einem Stabmixer fein pürieren.

Joghurt mit Frischkäse, gesiebtem Puderzucker und Zitronensaft verrühren. Die Masse mit einem Löffel auf die Keksbrösel geben oder in einen Spritzbeutel füllen und gleichmäßig verteilen.

Das Erdbeerpüree daraufstreichen und alles für 2 Stunden im Kühlschrank durchziehen lassen.

Kurz vor dem Servieren weiße Schokolade darüberraspeln und mit Erdbeeren verzieren.

TIPP:
Das Dessert lässt sich gut einen Tag vorher zubereiten und kann bequem im Kühlschrank gelagert werden.

ZUBEREITUNGSZEIT
30 MINUTEN

KÜHLZEIT
CA. 5 STUNDEN

JOHANNISBEERSÜLZE MIT MASCARPONE-CREME

Für 6 Personen

FÜR DIE MASCARPONE-CREME
- 1 BIO-EI (GRÖSSE M)
- 125 G FEINER WEISSER ZUCKER
- 250 G MASCARPONE

FÜR DIE JOHANNISBEERSÜLZE
- 200 G ROTE JOHANNISBEEREN
- 200 G SCHWARZE JOHANNISBEEREN
- 200 G WEISSE JOHANNISBEEREN
- 1 VANILLESCHOTE
- 500 ML JOHANNISBEERSAFT
- 2–3 EL FLÜSSIGER HONIG
- 8 BLATT GELATINE

AUSSERDEM
- KASTENFORM (CA. 25 CM X 11 CM)

Für die Mascarpone-Creme das Ei trennen und das Eiweiß beiseitestellen. Eigelb und Zucker mit dem Schneebesen verrühren. Mascarpone zugeben und kräftig untermischen. Das Eiweiß steif schlagen, unter die Mascarpone-Creme ziehen und abgedeckt ca. 5 Stunden im Kühlschrank lagern.

Für die Sülze die Kastenform mit Frischhaltefolie ausschlagen. Die Beeren verlesen, waschen, abtropfen lassen und von den Rispen zupfen. In die Kastenform füllen.

Die Vanilleschote längs halbieren und das Mark herauskratzen. Johannisbeersaft mit Vanillemark und der Vanilleschote aufkochen und abkühlen lassen. Vanilleschote entfernen und den Saft mit Honig süßen.

Gelatineblätter in kaltem Wasser einweichen, ausdrücken, im lauwarmen Johannisbeersaft auflösen und über die Beeren in die Kastenform gießen. Die Sülze ca. 5 Stunden im Kühlschrank fest werden lassen.

Die Johannisbeersülze auf eine rechteckige Platte stürzen, in Scheiben schneiden und mit der Mascarpone-Creme servieren.

TIPP:
Die Mascarpone-Creme passt auch sehr gut zu frischen gemischten Beeren der Saison. Für eine vegetarische Variante der Sülze die Gelatine durch Agar-Agar ersetzen.

ZUBEREITUNGSZEIT
1 STUNDE

KÜHLZEIT
1 STUNDE

QUARKKNÖDEL MIT MOHN-BRÖSELN AUF ERDBEER-ORANGEN-RAGOUT

Für 8 Knödel

FÜR DAS ERDBEER-ORANGEN-RAGOUT

300 G ERDBEEREN
2 ORANGEN
SAFT VON 1 ZITRONE
50 ML ORANGENSAFT
2 EL BRAUNER ZUCKER
1 EL SPEISESTÄRKE

FÜR DIE KNÖDEL

8 ERDBEEREN
60 G BUTTER
250 G MAGERQUARK
120 G MEHL, PLUS ETWAS MEHR ZUM BESTÄUBEN
2 EL ZUCKER
1 BIO-EI (GRÖSSE M)
SALZ
2 TL BIO-ZITRONENABRIEB

FÜR DIE MOHNBRÖSEL

80 G BUTTER
100 G SEMMELBRÖSEL
1 EL BLAUMOHN
2 EL BRAUNER ZUCKER

AUSSERDEM

GROSSES, FEINES SIEB

Für das Erdbeer-Orangen-Ragout die Erdbeeren waschen, putzen und vierteln. Die Orangen schälen und filetieren. Beides in eine Schüssel geben. Zitronen- und Orangensaft mit braunem Zucker in einem Topf kurz aufkochen. Vom Herd nehmen, Speisestärke kalt anrühren, den Saft damit binden, nochmals aufkochen und über die Erdbeeren und Orangenfilets gießen. Abkühlen lassen.

Für die Knödel die Erdbeeren waschen, putzen und abtropfen lassen. Die Butter schmelzen. Quark mit Mehl, 1 EL Zucker, Ei, 1 Prise Salz, Zitronenabrieb und Butter vermischen. Ein Sieb auf einer Schüssel platzieren und mit einem Tuch ausschlagen. Den Knödelteig hineingeben und für 1 Stunde in den Kühlschrank stellen.

Den Teig auf eine bemehlte Arbeitsfläche geben und zur Rolle formen, in 8 Scheiben schneiden und darauf jeweils 1 Erdbeere platzieren, einschlagen und zu einem Knödel formen. Wasser in einem Topf mit Salz und 1 EL Zucker erhitzen und die Knödel in siedendem Wasser ca. 10–15 Minuten garen.

Für die Mohnbrösel die Butter in einer Pfanne schmelzen, Semmelbrösel, Mohn und Zucker einrühren und rösten.

Die Knödel mit einer Schaumkelle aus dem Wasser heben, abtropfen lassen und in der Mohnbröselmischung wälzen.

Erdbeer-Orangen-Ragout auf Teller verteilen und die fertigen Knödel daraufsetzen.

ZUBEREITUNGSZEIT
1 STUNDE

BACKZEIT
CA. 20 MINUTEN

MINI-WINDBEUTEL MIT BEERENGRÜTZE

Für ca. 8 Personen

FÜR DIE WINDBEUTEL

40 G BUTTER
1 TL ZUCKER
1 PRISE SALZ
80 G MEHL
2 BIO-EIER (GRÖSSE M)
100 G ZARTBITTER-KUVERTÜRE
1 TL KOKOSFETT

FÜR DIE KARAMELLISIERTEN MANDELN

1 EL BUTTER
2 EL ZUCKER
50 G GEHOBELTE, BLANCHIERTE MANDELN

FÜR DIE BEERENGRÜTZE

4 EL ZUCKER
300 G GEMISCHTE FRISCHE BEEREN
50 ML JOHANNISBEERSAFT
1 EL SPEISESTÄRKE
1–2 EL ZITRONENSAFT

FÜR DEN QUARK

1 KG MAGERQUARK
100 G ZUCKER
250 G MASCARPONE
3 EL SAHNE

AUSSERDEM

SPRITZBEUTEL

Den Backofen auf 200 °C Ober-/Unterhitze vorheizen.

Für die Windbeutel Butter, Zucker und Salz mit 125 ml Wasser in einem Topf aufkochen. Das Mehl zugeben und die Teigmasse mit einem Kochlöffel kräftig zu einem Teigkloß rühren. Dabei den Teig immer wieder von allen Seiten auf den Topfboden drücken, bis sich dort eine weiße Schicht bildet. Den Topf vom Herd nehmen, die Masse ca. 3 Minuten abkühlen lassen und die Eier nacheinander mit dem Kochlöffel oder einem Handmixer in den Teig einarbeiten.

Den Teig in einen Spritzbeutel mit Lochtülle füllen und auf ein mit Backpapier ausgelegtes Backblech ca. 15–20 walnussgroße Häufchen portionieren. In der Mitte des Backofens ca. 20 Minuten goldbraun backen und auf einem Kuchengitter abkühlen lassen. Die Zartbitterkuvertüre mit dem Kokosfett über einem Wasserbad schmelzen, die Windbeutel mit der Spitze eintauchen und trocknen lassen.

Für die karamellisierten Mandeln die Butter in einer kleinen Pfanne erhitzen, Zucker und Mandelhobel zugeben und goldbraun karamellisieren. Aus der Pfanne nehmen und auf Backpapier trocknen lassen.

Für die Beerengrütze Zucker in einem Topf schmelzen, die Hälfte der gewaschenen Beeren mit Johannisbeersaft hinzufügen, aufkochen und dicklich einkochen lassen. Speisestärke in Zitronensaft auflösen, zur Grütze geben, nochmals aufkochen, dann die restlichen Beeren darauf verteilen und abkühlen lassen.

Quark mit Zucker, Mascarpone und Sahne vermischen und in eine Schüssel geben. Beerengrütze darauf platzieren, die karamellisierten Mandeln darüberstreuen und zum Schluss die Windbeutel darauf anordnen.

ZUBEREITUNGSZEIT
30 MINUTEN

BACKZEIT
CA. 15 MINUTEN

ZIEGENKÄSEDESSERT MIT STACHELBEER-ROSMARIN-KOMPOTT

Für 4 Personen

FÜR DAS KOMPOTT

- 600 G STACHELBEEREN
- 1 ROSMARINZWEIG
- 120 G ZUCKER
- 100 ML FRISCH GEPRESSTER ORANGENSAFT
- 1 EL SPEISESTÄRKE

FÜR DEN ZIEGENKÄSE-AUFLAUF

- 3 BIO-EIER (GRÖSSE M)
- WEICHE BUTTER FÜR DIE FÖRMCHEN
- 50 G ZIEGENFRISCHKÄSE
- 50 G SPEISEQUARK (20 %)
- 60 G PUDERZUCKER
- 1 EL BIO-ZITRONENABRIEB
- 45 G ZUCKER

AUSSERDEM

- 4 KLEINE AUFLAUFFÖRMCHEN

Für das Kompott die Stachelbeeren waschen und putzen. Den Rosmarinzweig waschen, trocken tupfen, die Nadeln abzupfen und sehr fein hacken. Stachelbeeren und Rosmarin mit Zucker und Orangensaft in einen Topf geben und ca. 10 Minuten leicht köcheln lassen. Den Topf vom Herd nehmen. Speisestärke mit etwas kaltem Wasser glatt rühren, zum Kompott geben, nochmals aufkochen und abkühlen lassen.

Den Backofen auf 200 °C Ober-/Unterhitze vorheizen.

Für den Ziegenkäse-Auflauf die Eier trennen. Die Eiweiße beiseitestellen. Die Auflaufförmchen mit Butter einpinseln. Ziegenfrischkäse mit Quark, Eigelben, Puderzucker und Zitronenabrieb verrühren. Eiweiße mit Zucker cremig schlagen, bis sich aus der Masse Spitzen ziehen lassen. Die Eiweiß- mit der Quarkmasse verrühren, in die Förmchen geben und im Wasserbad ca. 15 Minuten in der Mitte des Ofens backen.

Die Förmchen abkühlen lassen, stürzen und mit Stachelbeerkompott servieren.

TIPP:
Stachelbeerkompott schmeckt auch als einfaches Schicht-Dessert mit gesüßtem Quark und Pistazienkrokant (Rezept Seite 79).

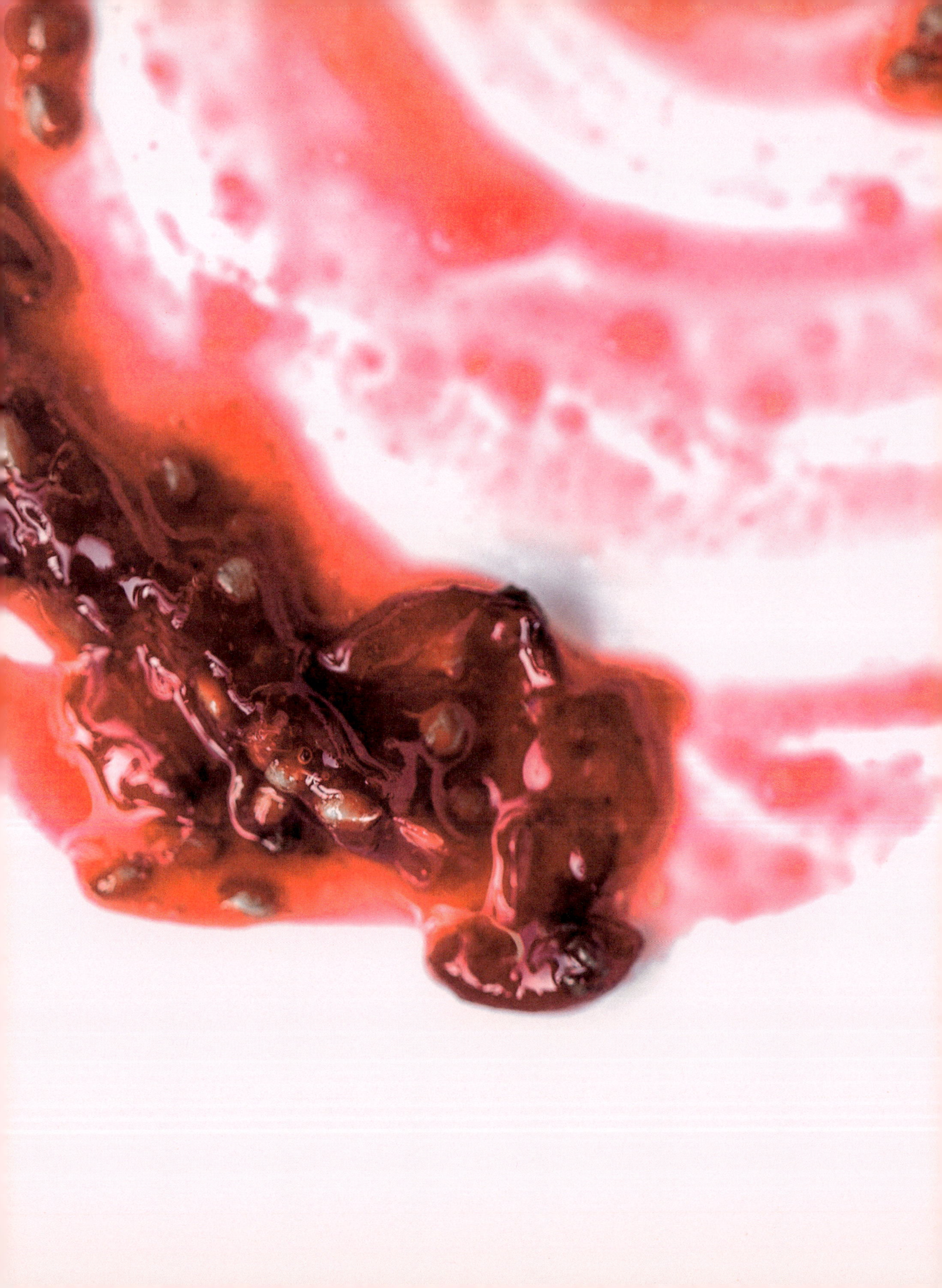

EIS

COOL BERRIES

Frostige Früchtchen – ideal für heiße Tage: Volle Frucht und voller Genuss für Sorbet, Sandwich oder Eis am Stiel. So schmeckt der Sommer

ZUBEREITUNGSZEIT
15 MINUTEN

KÜHLZEIT
MIND. 8 STUNDEN

FROZEN BLUEBERRY YOGURT

Für ca. 8 Eis am Stiel

- 1 VANILLESCHOTE
- 300 G BLAUBEEREN
- 100 ML ZITRONENSAFT
- 2–3 EL HONIG
- 500 G GRIECHISCHER JOGHURT
- 70 G PUDERZUCKER
- 2 WAFFELKEKSE

AUSSERDEM

- STABMIXER
- 8 EISFÖRMCHEN PLUS STÄBCHEN

Die Vanilleschote längs halbieren und das Mark herauskratzen. Die Blaubeeren waschen und in einem Topf mit 30 ml Zitronensaft, Vanillemark, Vanilleschote und 2 EL Wasser aufkochen. 5 Minuten leise köcheln und anschließend abkühlen lassen. Die Vanilleschote entfernen, mit Honig süßen und die Blaubeermasse mit einem Stabmixer pürieren.

Joghurt mit gesiebtem Puderzucker und restlichem Zitronensaft mischen.

Das Blaubeerpüree in die Eisförmchen verteilen,anschließend den Joghurt daraufgeben und die beiden Schichten mit einem Holzstäbchen oder einem Teelöffel leicht miteinander vermischen.

Die Waffelkekse grob zerbröseln, als letzte Schicht auf den Joghurt geben und leicht andrücken. Stiele im Eis platzieren und für ca. 8 Stunden tiefkühlen.

TIPP:
Die Waffelkekse z. B. durch Knuspermüsli (Rezept Seite 23) ersetzen.

ZUBEREITUNGSZEIT
30 MINUTEN

KÜHLZEIT
CA. 4 STUNDEN

ERDBEEREIS-SANDWICH MIT KNUSPRIG GEBACKENER WAFFEL

Für ca. 10 Eis-Sandwiches

FÜR DIE WAFFELKEKSE

250 G MEHL
1 BIO-EI (GRÖSSE M)
100 G ZUCKER
1 PCK. VANILLEZUCKER
1 PRISE SALZ
150 G ZIMMERWARME BUTTER, PLUS ETWAS MEHR FÜR DAS WAFFELEISEN

FÜR DAS ERDBEEREIS

250 G ERDBEEREN
ABRIEB UND SAFT VON 1 BIO-ZITRONE
300 G VOLLMILCH-JOGHURT
3–4 EL PUDERZUCKER
200 G SAHNE
1 PCK. VANILLEZUCKER

AUSSERDEM

WAFFELEISEN
STABMIXER
EISMASCHINE (NACH BEDARF)

Für die Waffelkekse alle Zutaten zu einem geschmeidigen Teig verkneten und daraus ca. 20 kleine Kugeln formen. Das Waffeleisen erhitzen und beide Seiten leicht mit Butter einfetten. Die Kugeln jeweils in der Mitte platzieren, das Waffeleisen schließen und den Teig gold braun backen. Die Kekse auf einem Kuchengitter abkühlen lassen.

Für das Eis die Erdbeeren waschen, putzen und in kleine Stücke schneiden. Zitronenabrieb und -saft mit dem Joghurt und dem gesiebten Puderzucker verrühren. Zusammen mit den Erdbeeren in eine Rührschüssel geben und mit dem Stabmixer fein pürieren. Sahne mit Vanillezucker steif schlagen und unter die Erdbeermischung heben. Abschmecken und eventuell nachsüßen.

Die Rührschüssel für ca. 4 Stunden ins Tiefkühlfach stellen und die Masse ca. alle 60 Minuten kräftig umrühren. Die am Rand der Schüssel angefrorene Schicht lösen und unterrühren. Während der Kühlzeit die Konsistenz prüfen. Das Eis sollte nicht ganz durchfrieren.

Für die Eis-Sandwiches auf 10 Waffelkekse je 1 kleine Kugel Erdbeereis geben, jeweils eine zweite Waffel auf dem Eis platzieren und leicht andrücken.

Sofort servieren oder jedes Sandwich einzeln fest mit Alufolie umwickeln und in den Tiefkühlschrank legen.

TIPP:
Das Erdbeereis kann auch in einer Eismaschine zubereitet werden.

ZUBEREITUNGSZEIT
1 STUNDE

KÜHLZEIT
MIND. 6 STUNDEN

HOLUNDERPARFAIT-GUGL MIT BEEREN UND KÜRBISKERN-CRUNCH

Für ca. 8–10 Scheiben

FÜR DAS PARFAIT

- 200 G HIMBEEREN
- 150 ML HOLUNDERBEERSAFT
- 100 G BRAUNER ZUCKER
- 3 BIO-EIGELB
- ETWAS GERIEBENE TONKABOHNE
- 400 G SAHNE
- 2 EL CASSISLIKÖR (REZEPT SEITE 111)

FÜR DEN CRUNCH

- 40 G KÜRBISKERNE
- 50 G ZUCKER
- 2 EL ORANGENSAFT
- 1 EL HOLUNDERBLÜTENSIRUP

AUSSERDEM

- FEINES SIEB
- HANDRÜHRGERÄT
- GUGELHUPFFORM

Die Himbeeren waschen und abtropfen lassen. Holunderbeersaft mit 100 g Himbeeren und braunem Zucker aufkochen, ca. 5 Minuten leicht köcheln lassen und anschließend durch ein Sieb passieren.

Eigelbe und Tonkabohne mit dem Handrührgerät über einem heißen Wasserbad schaumig und cremig schlagen. Die heiße Holunder-Himbeer-Mischung unter Rühren zugeben und weiterschlagen, bis die Masse dickflüssig wird. Anschließend in einem kalten Wasserbad unter ständigem Rühren kalt werden lassen.

Sahne steif schlagen. Die restlichen Himbeeren mit einer Gabel leicht zerdrücken und mit dem Cassislikör unter die geschlagene Sahne ziehen. Die Sahnemischung in die Holundermischung rühren. Die Masse in eine Gugelhupfform gießen und im Tiefkühlfach mindestens 6 Stunden einfrieren.

Für den Crunch die Kürbiskerne grob hacken. Zucker in einem Topf schmelzen, mit Orangensaft ablöschen und Holunderblütensirup untermischen. Kürbiskerne dazugeben, gut verrühren und karamellisieren. Kürbiskernkrokant auf Backpapier geben, flach drücken, abkühlen lassen und auseinanderbrechen.

Das Holunderparfait aus dem Tiefkühlfach nehmen und vor dem Servieren in der Form ca. 15 Minuten antauen lassen. Die Form stürzen, das Parfait in Scheiben schneiden und mit Beeren und Kürbiskernkrokant servieren.

ZUBEREITUNGSZEIT
30 MINUTEN

KÜHLZEIT
MIND. 6 STUNDEN

BROMBEER-MASCARPONE-EIS MIT RUBY-SCHOKOLADE

Für 8 Stück

150 G BROMBEEREN
50 G ZUCKER
½ TL VANILLEMARK
1 REIFE BANANE
150 G SAHNE
250 G MASCARPONE
AHORNSIRUP (NACH BELIEBEN)
100 G RUBY-SCHOKOLADE
1 TL KOKOSÖL

AUSSERDEM

FEINES SIEB
STABMIXER
8 EISFÖRMCHEN PLUS STÄBCHEN

Die Brombeeren waschen und mit Zucker, Vanillemark und 2–3 EL Wasser in einem kleinen Topf bei mittlerer Hitze ca. 5 Minuten köcheln. Die Beeren durch ein feines Sieb passieren, dabei mit einem Esslöffel zerquetschen und kräftig durchdrücken.

Die Banane schälen, in Scheiben schneiden und mit der Beerenmischung in einem hohen Gefäß mit einem Stabmixer pürieren. Flüssige Sahne zugießen und Mascarpone unterrühren. Mit Ahornsirup nach Geschmack nachsüßen. Die Masse in die Eisformen gießen, Holzstäbchen einsetzen und mindestens 6 Stunden einfrieren.

Ruby-Schokolade mit Kokosöl über einem Wasserbad schmelzen und in ein kleines hohes Schälchen oder Glas füllen. Jeweils 1 Eisförmchen aus dem Tiefkühlfach nehmen, in die flüssige Schokolade tunken, abtropfen und etwas antrocknen lassen. Das fertige Eis sofort servieren oder auf Backpapier legen und im Tiefkühlschrank bis zum Servieren lagern.

ZUBEREITUNGSZEIT
20 MINUTEN

KÜHLZEIT
CA. 2 STUNDEN

KIR-ROYAL-SORBET

Für 4 Personen

- 500 G SCHWARZE JOHANNISBEEREN
- 130 G ZUCKER
- 130 ML JOHANNISBEER-SAFT
- 1 EL ZITRONENSAFT
- 50 ML JOHANNIS-BEERSIRUP (REZEPT SEITE 119)
- 5 EL CASSISLIKÖR (REZEPT SEITE 111)
- 200 ML SEKT ODER CHAMPAGNER

AUSSERDEM

- STABMIXER
- FEINES SIEB
- EISMASCHINE

Johannisbeeren waschen und trocken schütteln. Die Beeren von den Rispen zupfen und mit Zucker, Johannisbeer- und Zitronensaft in einen Topf geben. Ca. 10 Minuten leise köcheln, anschließend abkühlen und ca. 1 Stunde im Kühlschrank durchziehen lassen. Die Masse mit einem Stabmixer fein pürieren und durch ein Sieb passieren.

Johannisbeersirup und 1 EL Cassislikör unterrühren und in einer Eismaschine bis zur gewünschten Konsistenz gefrieren.

Jeweils 1–2 Kugeln Sorbet in ein Glas geben und mit 50 ml Sekt und 1 EL Cassislikör servieren.

TIPP:
Sorbets lassen sich aus allen Beerensorten herstellen. Die Zuckermenge sollte dann je nach Säuregehalt angepasst werden.

ZUBEREITUNGSZEIT
30 MINUTEN

KÜHLZEIT
CA. 1 STUNDE

SPAGHETTIEIS MIT STACHELBEER-MINZ-PESTO

Für 4 Personen

FÜR DAS PESTO

500 G STACHELBEEREN
100 G BRAUNER ZUCKER
ABRIEB UND SAFT VON 1 BIO-ZITRONE
175 ML APFELSAFT
3–4 STÄNGEL MINZE

FÜR DAS VANILLEEIS

2 VANILLESCHOTEN
500 G SAHNE
5 BIO-EIGELB
100 G FEINER WEISSER ZUCKER

TOPPING

50 G WEISSE SCHOKOLADE
20 G GEHACKTE, GESALZENE PISTAZIENKERNE

AUSSERDEM

STABMIXER
EISMASCHINE
KARTOFFELPRESSE
4 SCHÄLCHEN

Die Stachelbeeren waschen, trocknen und die Blütenansätze entfernen. Mit Zucker, Zitronen- und Apfelsaft in einen Topf geben, aufkochen und ca. 10 Minuten leise köcheln lassen. Minze waschen, trocken tupfen, die Blätter abzupfen, in feine Streifen schneiden und mit dem Zitronenabrieb zu den Stachelbeeren geben. Alles mit einem Stabmixer fein pürieren, abkühlen lassen und ca. 1 Stunde in den Kühlschrank stellen.

Für das Vanilleeis die Vanilleschoten längs halbieren, das Mark herauskratzen und in einem Topf mit der Sahne 5–8 Minuten auskochen. Topf vom Herd nehmen, abkühlen und durchziehen lassen. Die Vanilleschoten entfernen. Eigelbe und Zucker mit einem Schneebesen oder Handrührgerät über einem warmen Wasserbad schaumig und cremig schlagen. Nach und nach die Vanillesahne zugießen und rühren, bis eine sämige Konsistenz entsteht. Dann im kalten Wasserbad weiterrühren und abkühlen lassen. Die Vanilleeismasse in eine Eismaschine geben und bis zur gewünschten Festigkeit gefrieren.

Das Vanilleeis durch eine Kartoffelpresse in die vier Schälchen drücken, das Stachelbeer-Minz-Pesto darübergeben, weiße Schokolade darauf raspeln und mit gehackten Pistazien bestreuen.

TIPP:

Statt durch die Kartoffelpresse zu drücken, das Vanilleeis als Kugel mit dem Stachelbeer-Minz-Pesto servieren. Zum Vanilleeis passen auch die Balsamico-Erdbeeren (Rezept Seite 77) oder die Beerengrütze (Rezept Seite 89).

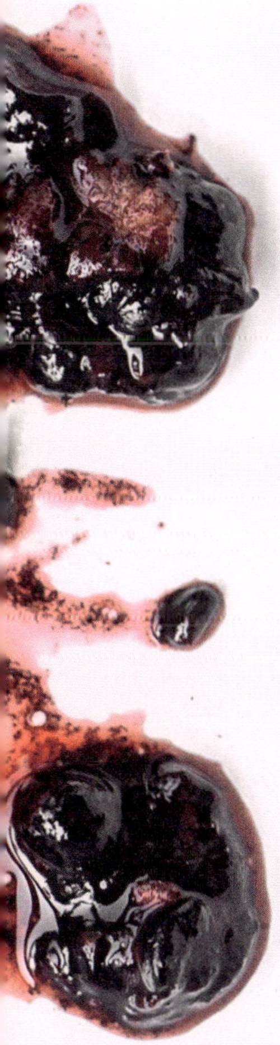

GETRÄNKE

CHEERS BERRIES

Der Frische-Kick – spritzig leicht und voll im Trend: Gesunde Erfrischung aus Beeren und Kräutern. Mal mit, mal ohne Schuss

ZUBEREITUNGSZEIT
10 MINUTEN

HIMBEER-THYMIAN-SMASH-COCKTAIL

Für 2 Gläser

16 HIMBEEREN, PLUS MEHR ZUM GARNIEREN
10 ZWEIGE THYMIAN, PLUS MEHR ZUM GARNIEREN
12 CL GIN
4 CL HIMBEERSIRUP
6 CL LIMETTENSAFT
EISWÜRFEL

AUSSERDEM

MÖRSER
FEINES SIEB

Die Himbeeren waschen und abtropfen lassen. Thymianzweige waschen und trocken schütteln. Beides in einer Schüssel mit einem Mörser kräftig zerdrücken. Gin, Himbeersirup und Limettensaft zugeben und gut vermischen oder in einem Shaker schütteln.

Eiswürfel in die Gläser geben, Himbeer-Thymian-Mischung durch ein Sieb in die Gläser abseihen und mit Thymian und Beeren dekorieren.

TIPP:
Statt Thymian kann auch Rosmarin verwendet werden.

ZUBEREITUNGSZEIT
15 MINUTEN

ZIEHZEIT
MIND. 4 WOCHEN

CASSISLIKÖR AUS SCHWARZEN JOHANNISBEEREN

Für ca. 500 ml

- 180 G SCHWARZE JOHANNISBEEREN
- 100 G BRAUNER ZUCKER
- 1 VANILLESCHOTE
- 1 STERNANIS
- 1 GEWÜRZNELKE
- 1 ZIMTSTANGE
- 250 ML WODKA

AUSSERDEM

- STERILE, VERSCHLIESSBARE FLASCHE
- FEINES SIEB

Johannisbeeren waschen, abtropfen lassen und die Beeren von den Rispen zupfen. Anschließend mit dem braunen Zucker mischen und in ein hohes, verschließbares Glasgefäß füllen.

Die Vanilleschote längs halbieren und mit Sternanis, Gewürznelke und Zimtstange zu den Beeren geben. Mit Wodka aufgießen und fest verschlossen für ca. 4 Wochen, idealerweise an einem warmen und sonnigen Ort, ziehen lassen. Währenddessen das Gefäß von Zeit zu Zeit gut durchschütteln.

Die Mischung durch ein feines Sieb passieren, die Früchte dabei kräftig mit einem Esslöffel zerdrücken. In eine Flasche abfüllen, fest verschließen und kühl und dunkel lagern.

TIPP:
Der Likör passt perfekt zur Sangria (Rezept S. 121).

ZUBEREITUNGSZEIT
30 MINUTEN

KÜHLZEIT
1 STUNDE

BEERENBOWLE MIT ZITRONENMELISSE

Für 8–10 Personen

- 100 G HEIDELBEEREN
- 100 G HIMBEEREN
- 200 G ERDBEEREN
- 200 G JOHANNISBEEREN
- 4 STÄNGEL ZITRONENMELISSE
- SAFT VON 2 ZITRONEN
- 2 EL ZUCKER
- 300 ML JOHANNISBEERSIRUP (REZEPT SEITE 119)
- EISWÜRFEL
- 750 ML KOHLENSÄUREHALTIGES MINERALWASSER
- 750 ML ROSÉ-SEKT

AUSSERDEM

GROSSE SCHÜSSEL

Die Beeren verlesen, waschen und abtropfen lassen. Johannisbeeren von den Rispen zupfen. Erdbeeren putzen und vierteln. Zitronenmelisse waschen, trocken schütteln, in feine Streifen schneiden und mit den Beeren in eine Schüssel geben.

Zitronensaft mit dem Zucker und Johannisbeersirup hinzufügen und alles gut vermischen. Für 1 Stunde im Kühlschrank durchziehen lassen.

Danach einige Eiswürfel in ein großes Gefäß füllen, die Beerenmischung dazugeben und mit Mineralwasser und Sekt aufgießen.

TIPP:

Für eine alkoholfreie Variante den Sekt durch Zitronenlimonade ersetzen.

ZUBEREITUNGSZEIT
10 MINUTEN

ERDBEERLIMES MIT WODKA UND LIMETTENSAFT

Für 4 Gläser

250 G ERDBEEREN
1 BIO-LIMETTE
5 EL JOHANNISBEERSIRUP (REZEPT SEITE 119)
125 ML WODKA
CRUSHED ICE
LIMETTENSCHEIBEN ZUR DEKORATION

Die Erdbeeren waschen, putzen und klein schneiden.

Limette auspressen. Den Limettensaft mit den Erdbeeren und dem Johannisbeersirup fein pürieren. Wodka mit Crushed Ice zugeben, nochmals kräftig aufmixen. Auf die Gläser verteilen und mit Limettenscheiben dekorieren.

TIPP:
Für eine alkoholfreie Variante den Wodka durch Ginger Ale ersetzen.

ZUBEREITUNGSZEIT
30 MINUTEN

KÜHLZEIT
1 STUNDE

BEEREN-ROSMARIN-EISTEE

Für 4 Gläser

- 4 BEUTEL WALDBEERENTEE
- 4 ROSMARINZWEIGE
- 200 G GEMISCHTE BEEREN
- HONIG (NACH BELIEBEN)
- EISWÜRFEL

AUSSERDEM

STABMIXER

Die Teebeutel in ein Gefäß mit 800 ml heißem Wasser geben, gewaschene Rosmarinzweige zufügen und ca. 15 Minuten ziehen lassen. Teebeutel entfernen, abkühlen lassen und mit den Rosmarinzweigen für ca. 1 Stunde in den Kühlschrank stellen.

Die Beeren waschen, abtropfen lassen und mit einem Stabmixer pürieren. Nach Geschmack mit Honig süßen. Die Beerenmasse auf 4 Gläser verteilen, Eiswürfel hineingeben und mit kaltem Tee übergießen.

TIPP:
Ein Schuss dunkler Cassislikör (Rezept Seite 111) macht daraus einen erfrischenden Aperitif.

ZUBEREITUNGSZEIT
30 MINUTEN

ZIEHZEIT
MIND. 8 STUNDEN

JOHANNISBEERSIRUP MIT ZITRONENVERBENE

Für ca. 700 ml

600 G ROTE JOHANNISBEEREN
2–3 ZWEIGE ZITRONENVERBENE
125 G ZUCKER
SAFT VON ½ ZITRONE

AUSSERDEM

MULLTUCH
STERILE, VERSCHLIESSBARE FLASCHE

Johannisbeeren waschen und die Beeren von den Rispen zupfen. Zitronenverbene waschen und trocken schütteln.

Zucker mit 400 ml Wasser in einem Topf unter ständigem Rühren erhitzen. Sobald sich der Zucker aufgelöst hat, Johannisbeeren, Zitronenverbene und Zitronensaft in den Topf geben und abgedeckt ca. 15 Minuten leise köcheln lassen, bis die Johannisbeeren aufgeplatzt sind.

Vom Herd nehmen und mindestens 8 Stunden im Kühlschrank durchziehen lassen. Die Masse anschließend durch ein Mulltuch passieren, leicht ausdrücken und den Saft in einem Topf auffangen. Nochmals einige Minuten zu Sirup einkochen.

In eine Flasche umfüllen und kühl und dunkel lagern.

TIPP:
Johannisbeersirup mit Zitronenverbene schmeckt mit Mineralwasser als Schorle oder in Sekt und Cocktails. Sirup lässt sich z. B. auch aus Himbeeren oder Cranberrys herstellen.

ZUBEREITUNGSZEIT
20 MINUTEN

KÜHLZEIT
4–5 STUNDEN

HOLUNDER-BEEREN-SANGRIA

Für 8–10 Gläser

1 BIO-ORANGE
1 BIO-ZITRONE
1 NEKTARINE
200 G HIMBEEREN
200 G BROMBEEREN
200 G ERDBEEREN
SAFT VON 3 SAFTORANGEN
SAFT VON ½ ZITRONE
125 ML JOHANNISBEERSAFT
125 ML HOLUNDERBEERSAFT
4 CL CASSISLIKÖR (REZEPT SEITE 111)
3–4 EL ZUCKER
2 ZIMTSTANGEN
500 ML GEKÜHLTER, KRÄFTIGER ROTWEIN
JOHANNISBEERSIRUP (REZEPT SEITE 119)
EISWÜRFEL

Orange und Zitrone heiß abspülen. Längs halbieren und vierteln.

Die Nektarine waschen, trocknen, halbieren, den Kern herauslösen und das Fruchtfleisch in Würfel schneiden. Die Beeren waschen, abtropfen lassen und mit Orange, Zitrone und den Nektarinenstückchen in ein großes Gefäß geben. Den Orangensaft mit Zitronen-, Johannisbeer- und Holunderbeersaft zu den Früchten gießen. Cassislikör, Zucker und Zimtstangen dazugeben. Mit Rotwein ergänzen, umrühren und für mindestens 4–5 Stunden im Kühlschrank durchziehen lassen.

Vor dem Servieren mit Johannisbeersirup abschmecken, Eiswürfel dazugeben, gut umrühren und 20 Minuten durchkühlen lassen.

TIPP:
Der Alkoholgehalt kann reduziert werden, indem der Fruchtsaftanteil erhöht und der Rotweinanteil verringert wird.

KLEINE BEERENKUNDE

Beeren sind nicht nur Nahrungsmittel, sondern auch Heilpflanzen – klar, das gehört in vielen Regionen der Erde seit Menschengedenken zum Grundwissen. Wer aber glaubt, was gesund ist kann gar nicht schmecken, der weiß die süßen Schätze der Natur nicht zu würdigen. Sie sind lecker und beerenstark!

HIMBEEREN (RUBUS IDAEUS)

WAREN IN DER STEINZEIT BEREITS WICHTIGE OBSTPFLANZEN UND IM ALTERTUM ALS HEILPFLANZE BEKANNT, WURDEN ABER ERST AB DEM 16. JAHRHUNDERT IN KLÖSTERN KULTIVIERT.

ERNTEZEIT ENDE MAI BIS SEPTEMBER/ OKTOBER

INHALTSSTOFFE

Haben einen hohen Vitamingehalt und sind reich an Ballast- und Mineralstoffen wie Kalium, Calcium und Magnesium.

Was viele nicht wissen: Bei Himbeeren wird zwischen Sommer- und Herbsthimbeeren unterschieden. Von Natur aus sind sie rot, aber es gibt auch gelbe und schwarz-violette Zuchtformen. Alle Sorten sind druckempfindlich und wollen mit Samthandschuhen angefasst werden. Aufgrund ihres geringen Zuckergehalts sind Himbeeren besonders kalorienarm. Ihre wahre Stärke liegt aber im außergewöhnlich hohen Eisengehalt und den vielen Vitaminen. Deswegen galten sie schon im Altertum als Heilpflanze zur Unterstützung der Wundheilung und der Abwehrkräfte. Wilde Himbeeren sind von den klimatisch gemäßigten Regionen Europas bis nach Westsibirien weit verbreitet. Sie wachsen bis in Höhenlagen von etwa 2000 Metern.

Himbeeren in der Küche:
Rohverzehr oder mit Milch bzw. Milchalternativen, Joghurt, Quark oder Sahne, in Obstsalaten, herzhaften Salaten, Smoothies

Verarbeitet in:
Konfitüren, Gelees, Kompott, Kuchen, Torten, Gebäck, Crumbles, Desserts, Fruchtgrütze, Saft, Drinks, Cocktails, Bowle

BROMBEEREN (RUBUS FRUTICOSUS)

WURDEN ERST IM 19. JAHRHUNDERT IN EUROPA KULTIVIERT, ÜBER IHRE HERKUNFT – NORD-AMERIKA ODER EUROPA – SIND SICH DIE FORSCHER UNEINS.

INHALTSSTOFFE

Reich an Vitamin A und C, den Mineralstoffen Kalium und Magnesium sowie sekundären Pflanzenstoffen

Die blauschwarz glänzende Schönheit ist mit ihrem hohen Gehalt an Provitamin A und Vitamin C die Vitaminbombe unter den Beeren – obwohl sie botanisch gesehen keine Beere, sondern eine Sammelsteinfrucht ist. Jede ihrer kleinen Einzelbeeren ist im Aufbau Steinfrüchten wie der Kirsche gleich. Sie hat wie diese eine dünne Außenhaut, und tatsächlich beißt man beim Kauen der Früchte auf kleine Steinchen, in denen auch die Samen der Brombeere zu finden sind. Wegen des angenehmen Geschmacks sind Brombeerblätter, die man am besten in der ersten Maihälfte pflückt, in vielen Tees enthalten. Brombeertee kann als Haustee gefahrlos getrunken werden. Aber Vorsicht beim Pflücken: Die kleinen Stacheln der Pflanze, die ihr als Kletterhilfe dienen, haben ihr mundartlich auch den Namen Kratzbeere eingebracht.

Brombeeren in der Küche:
Rohverzehr oder mit Milch bzw. Milchalternativen, Joghurt, Quark oder Sahne, Obstsalaten, herzhaften Salaten, Smoothies

Verarbeitet in:
Kuchen, Torten, Gebäck, Crumbles, Konfitüren, Gelees, Desserts, Sorbet, Saft, Fruchtgrützen, Sirup, Chutneys, herzhaften Saucen

ERNTEZEIT JULI BIS OKTOBER

JOHANNISBEEREN (ROTE: RIBES RUBRUM, SCHWARZE: RIBES NIGRUM)

WURDEN AB ENDE DES 15. JAHRHUNDERTS IN NORDFRANKREICH UND BELGIEN KULTIVIERT, ABER SCHON IM 12. JAHRHUNDERT WAR DIE SCHWARZE JOHANNISBEERE ALS HEILPFLANZE BEKANNT.

INHALTSSTOFFE

Reich an Vitamin C und Mineralstoffen; das Kernöl der Schwarzen Johannisbeere hat einen hohen Anteil an Gamma-Linolensäure, einer Fettsäure, an der es Menschen mit Neurodermitis fehlt.

Der Name der Johannisbeere – in Bayern und Österreich auch Ribisl genannt, in der Schweiz Trübeli – leitet sich vom Johannistag, dem 24. Juni, her. Zu dieser Zeit werden die ersten Sorten reif. Dabei gibt es auch wieder eine bunte Sortenvielfalt: Die rote Beere ist eher säuerlich frisch, die weiße etwas milder und süßer und die schwarze herb und bitter im Geschmack. Letztere wird selten roh verzehrt, enthält aber den höchsten Anteil an Vitaminen und Ballaststoffen. Fast alle großen Kosmetikmarken verwenden die Blüten der Schwarzen Johannisbeere zur Parfümherstellung. In vielen Düften lässt sich ihre besondere Note erschnuppern. Durch die Kreuzung der Schwarzen Johannisbeere mit der Stachelbeere entstand übrigens die Jostabeere.

Johannisbeeren in der Küche:
Rohverzehr oder mit Milch bzw. Milchalternativen, Joghurt, Quark oder Sahne, in Obstsalaten, herzhaften Salaten, Smoothies

Verarbeitet in:
Kuchen, Torten, Crumbles, Roter Grütze, Konfitüren, Gelees, Desserts, Sirup, Chutneys, Erfrischungsgetränken, Fruchtgrützen, Likör

ERNTEZEIT ENDE JUNI BIS ENDE AUGUST

BLAUBEEREN (VACCINIUM MYRTILLUS)

STAMMEN URSPRÜNGLICH AUS DEN POLARGEBIETEN DER NORDHALBKUGEL. IN NORDAMERIKA BEGANN ANFANG DES 20. JAHRHUNDERTS IHR ERWERBSMÄSSIGER ANBAU. BIS HEUTE SIND DIE USA WELTWEIT DIE GRÖSSTEN PRODUZENTEN.

INHALTSSTOFFE

Reich an Vitamin B und C, Betacarotin und Mineralstoffen, insbesondere Magnesium

Auch bekannt als Heidel-, Bick- oder Schwarzbeeren werden sie bei uns auf den Märkten hauptsächlich als große samtig-blaue Kulturheidelbeeren gehandelt, die von amerikanischen Wildarten abstammen. Wegen ihrer antioxidativen Wirkung gelten sie zu Recht als Superfood. Sie sind kalorienarm und enthalten außergewöhnlich viel Folsäure, Eisen und Vitamin C. Deshalb steigt die Nachfrage nach den beliebten Beeren Jahr für Jahr: 2019 wurden mit knapp 15.000 Tonnen 16 % mehr als 2018 geerntet. Fast zwei Drittel der deutschen Kulturheidelbeeren werden in Niedersachsen erzeugt.

Blaubeeren in der Küche:
Rohverzehr oder mit Milch bzw. Milchalternativen, Joghurt, Quark oder Sahne, in Obstsalaten, herzhaften Salaten, Smoothies

Verarbeitet in:
Konfitüren, Torten, Kuchen, Gebäck, Crumbles, Desserts, Eis, Pfannkuchen, Risotto, Nudelsalat, Chutneys

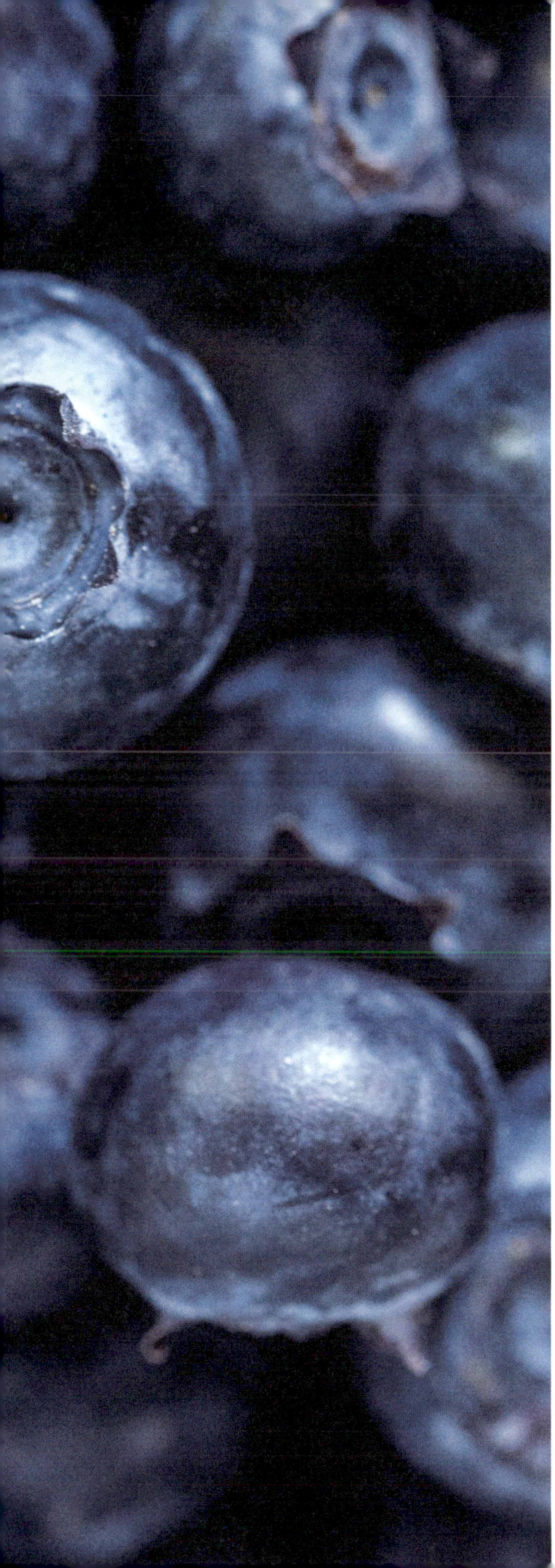

ERNTEZEIT ENDE JUNI BIS ENDE AUGUST

STACHELBEEREN (RIBES UVA-CRISPA)

HABEN IHREN URSPRUNG IM HIMALAJA-GEBIET, WERDEN SEIT DEM 14. JAHRHUNDERT KULTIVIERT UND SEIT DEM 16. JAHRHUNDERT ALS BEEREN-OBST ANGEBAUT. DIE ENGLÄNDER ZÜCHTETEN IM 18. UND 19. JAHRHUNDERT ÜBER 400 UNTER-SCHIEDLICHE SORTEN.

INHALTSSTOFFE

Reich an Vitamin C und den Mineralstoffen Kalium und Calcium

STACHELBEEREN

Die grüne Beere mit ihrem schmückenden Streifenmuster und dem säuerlich-herben Geschmack kennt wohl jeder – sie war zu Großmutters Zeiten noch in fast jedem Garten zu finden. Dass es aber weiße, gelbe und auch rote leicht süßliche Stachelbeeren gibt, ist weniger bekannt. Die Stachelbeere wird etwa seit dem 16. Jahrhundert als Beerenobst angebaut, zunächst vornehmlich von Nonnen und Mönchen. Deshalb wurde sie früher auch als Klosterbeere bezeichnet. Die Stachelbeere ist in fast ganz Europa bis in den hohen Norden verbreitet. In Südeuropa ist sie in den Gebirgen zu finden, außerdem wächst sie in Nordafrika, dem Kaukasus, Kleinasien und dem Himalaja. Sogar in China gibt es sie.

Stachelbeeren in der Küche:
Roh nur bedingt verzehrbar

Verarbeitet in:
Kompott, Kuchen, Torten, Tartes, Desserts, Konfitüren, Fruchtgrützen, Chutneys

ERNTEZEIT ENDE JUNI BIS AUGUST

ERDBEEREN (FRAGARIA)

SPIELEN IN DER MENSCHLICHEN ERNÄHRUNG MINDESTENS SEIT DER STEINZEIT EINE ROLLE UND SIND AUCH AUS DER ANTIKE ÜBERLIEFERT. DIE EUROPÄISCHE WALDERDBEERE WIRD SEIT DEM MITTELALTER KULTIVIERT UND AUF GROSSEN FLÄCHEN ANGEBAUT.

INHALTSSTOFFE

Reich an Vitamin C (mehr als Zitronen und Orangen) und B. Enthalten viel Folsäure, Calcium, Magnesium und Kalium.

Sie ist die Lieblingsbeere der Deutschen: Jahr für Jahr werden 150.000 Tonnen der roten Superfrucht geerntet und weitere 100.000 Tonnen importiert.

Liegt es daran, dass Erdbeeren schon in der Antike das Attribut von Liebesgöttinnen waren und bis heute im Volksglauben oft als Ausdruck von Sinnlichkeit gelten, oder liegt es an ihrem einmalig süß-fruchtigen Geschmack und ihrem unwiderstehlichen Aroma? Fakt ist: Erdbeeren sind sehr reich an Vitamin C, Magnesium und Calcium und deswegen nicht nur lecker, sondern auch gesund. Dabei sind kleinere Exemplare aromatischer und nahrhafter als große. Und das, obwohl sie laut Vermarktungsordnung der EU für den Verkauf mindestens 18 mm groß sein sollten, für die Kategorie „Extra" sogar über 25 mm.

Erdbeeren in der Küche:
Rohverzehr oder mit Milch bzw. Milchalternativen, Joghurt, Quark oder Sahne, in Obstsalaten, herzhaften Salaten, Smoothies

Verarbeitet in:
Konfitüren und Gelees, Kuchen, Torten, Desserts, Sirup, Eis, Bowle

ERNTEZEIT
MAI BIS AUGUST

ÜBER DIE AUTORINNEN

VERA – FOTO: HANNA WITTE

LINKS JULIA, RECHTS SASKIA – FOTO: FEE VAN DEELEN

SASKIA trägt Saison für Saison ganze Körbe voller frischem Obst nach Hause. Dabei haben es ihr die Beerenfrüchte im Sommer schon immer besonders angetan – diese Schönheiten regen nicht nur die Fantasie der Rezeptentwicklerin an, sie sind auch ein echter Augenschmaus für die Stylistin. Saskia lebt und arbeitet in Hamburg. Dort hat sie Betriebswirtschaft studiert, in einem großen Verlagshaus gearbeitet und sich zur Ernährungsberaterin ausbilden lassen. Heute kocht und stylt sie für ihre Lieblingskunden. Und sie fotografiert und schreibt für ihren erfolgreichen Blog Dee's Küche, der ursprünglich als erstes Kochbuch für ihre erwachsenen Kinder gedacht war.

VERAS Lieblingsbeere ist die Brombeere, wohl mehr wegen der tiefblauen Farbe und perfekten Form als wegen des Geschmacks. Als Grafikerin spielt für Vera das Visuelle immer eine ganz besondere Rolle. Vera betreibt zusammen mit ihrem Geschäftspartner Jens Rehling das Designbüro vrej. Sie gestalten Magazine, Bücher und Broschüren und entwickeln Corporate Designs. Vera lebt mit ihrer kleinen Familie in Köln.

JULIA liebt es knallig bunt, deswegen ist *Hello Berries* für sie die ideale Spielwiese für farbenfrohe Fotos. Sie ist freie Fotografin in Hamburg und hat verschiedene Kunden rund um das Thema Essen. Julia kocht gerne, am liebsten für ihren Mann und nicht so wahnsinnig gerne für ihre zwei Töchter, weil die nur Sachen essen, die entweder pink oder beige sind.

REGISTER

ORIGINALAUSGABE

1. Auflage 2021

www.arsvivendi.com

Printed in the EU

ISBN 978-3-7472-0246-3

REZEPTE UND TEXTE
Saskia van Deelen

GESTALTUNG UND SATZ
Designbüro vrej, Vera Schäper

FOTOS
Julia Cawley

LEKTORAT
Denise Maurer